Psychology

Psychology

Psychology

Psychology

哇！人生超讚der！

才怪

高人氣心理師的9堂課，
拯救你遠離有毒正能量，找回面對現實的勇氣

Toxic Positivity

Keeping It Real in a World
Obsessed with Being Happy

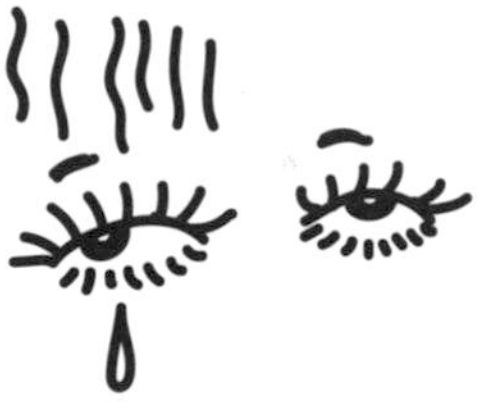

惠特妮・古德曼 著　邱思華 譯
Whitney Goodman

謹以此書獻給我的丈夫

生命有起有落，感謝有你陪我共同度過

目錄
CONTENTS

各界佳評

這本書已經超出「心理勵志」的領域，成為「改造社會」的作品了！作者非常充滿野心但又不是打高空砲，而是基於一個非常簡單的出發點：讓我們彼此誠實以對。透過這本書，我們可以不必再要求身邊的人（包括我們自己）一定要開心起來，忘掉所有憂愁。這是多讓人開心的一件事啊！

——**《華盛頓郵報》**

這本書永遠改變了我，讓我更加謹慎思考如何表達對他人的接納與肯定。惠特妮提醒我們，助人與傷人可能僅是一線之隔，這本極具前瞻性的書將會扭轉你對正向思考的看法。

——**塔瓦布**（Nedra Glover Tawwab）／**暢銷書《設限，才有好關係》**（*Set Boundaries, Find Peace*）**作者**

這本書的出現實在太棒了……惠特妮巧妙地整合個人經歷、臨床經驗、學術研究，提供實用的建議，讓我們從此有工具去面對看似美好卻造成許多傷害的「負能量退散」風潮。

——**麥克亞蘋**（Iris McAlpin）／**創傷專家**

在琳瑯滿目的自助書籍裡，本書令人耳目一新，它讓我們更清楚地看見與瞭解生活中的挑戰。

——**巴洛茲**（Todd Baratz）／**心理師**

真誠過活，面對人生中的苦，從中獲得成長，不須假裝一切美好。這本書教導我們對自己與他人誠實，才能成為真正且完整的自己。

——**考夫曼**（Scott Barry Kaufman）／**《巔峰心態》**（*Transcend*）**作者**

終於！有一本書能精準講出何以「不惜一切代價保持正向」只會適得其反，並願意告訴我們該如何處理痛苦，而不是假裝它不存在。這本書在膚淺的大眾勵志心理領域裡是股清流，道出正向思考和凡事感恩的問題與極限，鼓勵我們擁抱生活中的起起落落，用更貼近現實與能帶來實質效益的方式使用「正能量」。停止追求幸福，反而更可能幸福……這真的很有趣，不是嗎？

——**杜納**（Caroline Dooner）／**《不節食的美好生活提案》**（*The F*ck It Diet*）**作者**

如果你曾因為「無法克服困難和沮喪」，懷疑自己是不是做錯什麼或哪裡有問題，相信本書會幫上你的忙。不只是幫忙自己，這本書還會教你如何幫助別人，讓你在他人遭逢困境時，成為更好的朋友、父母、同事或伴侶。這世界已充斥夠多「不管人生多難，都要往好處想」的聲音，是時候來點不同的了。

——**恩蕭**（Elizabeth Earnshaw）／**家庭與婚姻治療師**、**關係專家**

序言

別管正能量了，你值得更好的玩意兒

我猜你之所以選擇這本書，有三個潛在理由：

一、你深受有毒正能量所害，想尋求解方。

二、雖然不知道什麼是有毒正能量，但你很好奇。

三、你不懂何以正能量會變得有毒，打算瞧瞧書裡有什麼對正能量大不敬的玩意兒。

無論是基於哪個理由，我都很高興你翻開這本書。

正如許多充滿雄心壯志的心理師，我也是在懵懵懂懂的狀態下踏進這個領域。我知道自己喜歡助人，也熱衷於聆聽別人的故事，但後來才發現（在我的心理師協助下），我之所以想接觸心理治療這個專業，是因為我以為若能參透人際關係及人類心理，就能治療我所愛的人且永遠不會再覺得痛苦。各位心理專業夥伴與未來的準心理師們，你們想必明白我的意思。

帶著對這份職業的惴惴不安和不切實際的幻想，我變得封閉、頑固，希望前來的個案都很脆弱，這樣我才能擔任拯救者的角色。我以為自己的工作是治好來到眼前的人，但其實沒有人需要被治療，他們需要的是有人聽他們說說話並給予支持；我以為自己會是一個什麼都懂的演說家，但我只是個聆聽者；我以為從此瞭解自己與這個世界，結果困惑卻越來越多；我以為能改變身邊的每個人，最後才發現能改變的只有自己。雖然一切都與我原先所以為的相去甚遠，但，我很高興自己走上這條路。

我熱愛當個心理師，只是我不是那種會冥想、喝茶、做瑜伽的心理師。與其他同僚相比，我整個人顯得很粗枝大葉、聲音總是太大、不穿開襟毛衣、討厭牆上「用來鼓舞人心的」所有心靈小語。我試著讓自己柔軟一點，也試著接觸正向思考以及那些要你「與自己的內在小孩連結並送愛給他」的介入方式。但我就是做不來。閱讀大部分的心理學自助書籍時，我都有類似的感覺：他們都好溫柔。但我無法，我是個有話直說且喜歡開誠布公的人。身為一個菜鳥心理師，我陷入認同危機，直到開始嘗試把想法發表在 Instagram 帳號上，才發現原來自己想講出來的東西是有價值的。

二〇一九年一月，我刷著 Pinterest，看見許多自我療癒與「鼓舞人心」的心靈小語被分享了上千次，畫面上那些鮮明的顏色與古怪的字體把我給惹毛了。我覺得自己好像被世界給遺棄了，也很擔心正處於脆弱狀態的人若看見這些，會作何感想。於是我自己弄了個 Pinterest 頁面，專門蒐集那些讓我覺得不舒服的「幸福」與「打氣」小語，就這樣持續了一年。同樣是那一天，我在 Instagram 上分享了第一張示意圖，列出一些來自 Pinterest 的小語，並將它們歸類為「有毒的正能量」，然後寫上一些我認為能提供更多接納與希望感的說法。這是我第一篇被瘋狂流傳的貼文，隨著這張圖不斷被分享出去，原本少少的追蹤者開始大幅增加。我沒想到有那麼多人同意我的觀點，而**有毒正能量**這個詞也引起廣大迴響，但那也是我頭一回在網路上遭到反對者的攻擊與批評。接下來幾年，我陸續發表關於有毒正能量在悲傷、種族歧視、以及其他重要議題的影響，它們可說是我最受歡迎也最具爭議性的貼文。我知道自己正在向世界發送某種訊息，只是未曾想到會引起這麼多人的共鳴。

正向思考無法解決所有問題

長期以來，我一直都意識到有毒正能量的存在，只是找不到適合的詞彙去形容。我見證它在原生家庭裡伴我成長、橫行在社群媒體上、出現在宗教聚會裡、流傳到學校、蔓延至我和個案之間。我們幾乎都無可避免地助長了它的氣焰，但關上門後，每個人都告訴我他們恨透了有毒的正能量。我也不例外，因為若不想被當成「負能量滿點的人」，似乎就得成為它的支持者。它在我的專業及個人生活中已是根深柢固，揮之不去。

有毒正能量已存在有好幾世紀，只是我後知後覺。多位學者、記者及研究者如莎拉・阿美（Sara Ahmed）、奧菊・羅德（Audre Lorde）、芭芭拉・艾倫瑞克（Barbara Ehrenreich）、歐廷珍（Gabriele Oettingen）、貝爾・胡克斯（bell hooks）等人，很早以前就開始批判人們太過執著於追求幸福，並指出這種做法本質上會對世界造成很大的傷害，被邊緣化的族群尤其首當其衝。他們的作品幫助我瞭解有毒正能量變得多麼氾濫。儘管大量研究指出，在許多情況下，保持正向是無濟於事的，自助團體依然大肆宣揚及鼓吹人們要正面積極、追求幸福。我決定不再沉默，打算將這些研究結果帶出學術界的象牙塔，散播到當代社會裡。

撰寫本書的靈感及理由來自於我自己的生活和我的個案。我的專業讓我得以終日心無旁騖地坐在屋裡，深入每個人的內心深處，這是獨一無二的體驗，也教會我許多關於人生、世界以及人類本質的事。每位個案都以某種方式改變我，感恩他們讓我見證到人性、痛苦掙扎，以及不屈不撓的意志。在書裡，將整合我執業多年來聽到的個案故事，搭配正向思考、情緒、人際關係，以及動機方面的研究，幫助你瞭解為何正能量會變得有害，又有哪些改善的方法等等。在所有案例裡，可辨認出身分的細節皆經過變更以確保個案隱私。希望這些故事能讓你知道，在這世界上，其實有很多人與你有相同的感覺，所以你並不孤單。

其實我可能很早就開始在 Instagram 和辦公室裡舖陳關於這本書的一切，只是當時並不自知。這本坦率又真實可靠的書，寫給想知道如何給自己與別人支持的人，以及受夠在工作、家庭、朋友聚會、社群媒體上都要假裝自己很快樂而精疲力盡的人，他們已經不想再被迫散發正能量，也不想再聽到別人對他們說「發生在生活中的每件事情皆有其意義」。這本書，寫給還無法顯化出完美生活的人，以及有太多感覺和想法的人。這本書，寫給我自己，也寫給你。

曾幾何時，幸福與保持正向成了人生的目標與義務，到處都有人要我們懂得感恩或正向思考。如果遇到衰事，肯定是因為你「心態不正」或「不夠努力」。我非常驚訝有毒正能量居然已對生活造成如此巨大的影響，並出現在我們的職場、家庭以及關係裡；此外，它也是一股助長性別歧視、種族歧視、恐同、恐跨性別、殘疾歧視、階層歧視或其他各種偏見的強大力量。它真的**無所不在**。

我歸納出所有與正向思考發展相關的歷史，也統整研究結果來協助我們瞭解如何能做得更好、活得更好，就是希望這可以是本容易閱讀又實用的書。全書共分為九個章節，每個章節都會呈現不同的個案故事及其與有毒正能量的關係。如果你有興趣深入瞭解有毒正能量，建議從頭到尾將這本書好好讀過一遍；如果你是為了練習如何面對有毒正能量，直接跳去閱讀有興趣的章節亦無妨。

正向思考被包裝成解決問題的萬靈丹，推銷給所有人。從汽車保險桿上的**負能量退散**貼紙，到 Instagram 上排版精美的肯定小語，再到印有「生活真是美好」的T恤，還有諄諄教誨「再多一點點正能量，幸福就在不遠處」的大師們。我們不斷被告知「凡事往好處想」，才能避開痛苦經驗與感受，擁有幸福歡樂與正能量。但這並不是本書想帶給你的。這本書會談及你日常慣用的說話方式和常用語句，這可能會令你不舒服，但希望這能讓你進一步思考自己是如何以幸福之名，行隱藏真實感受和需求之實，並同時想想為了散發正能量，你又如何忽視自己或討好別人。我期待透過本書，幫助你練習表達自身需求、與他人建立更全面的關係，而不是只肯接受美好時光，對其他部分都眼不見為淨。

但願這本書會讓你更願意接受生活中的有好有壞，以及各種不完美，若能如此，我也算功德圓滿了。

“往好處想就對了！

Just be positive!”

如果保持正向有那麼神，天下就太平了。
還是容許自己去體驗各種情緒吧！
無論開心或悲傷，都是身而為人會有的感覺啊！

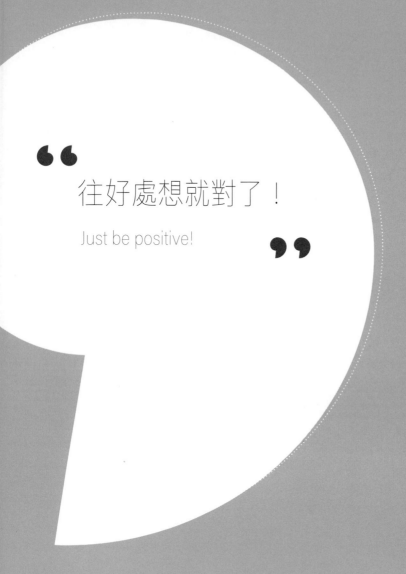

chapter 01

什麼是有毒的正能量？

想像你剛丟了工作，不僅極度恐慌、手足無措，更不曉得接下來該何去何從。

你決定找個朋友聊聊。

他們看了你一眼，露出意味深重的微笑。

你心裡期待著：會收到令人感動的支持嗎？還是他們正好有什麼很棒的工作機會要給你？你有點心煩意亂，然後他們以充滿睿智的神情說道：「你這樣算好了，至少每天都可以放假休息。想想看，你可以從這次的失業裡獲得多少經驗！」

此時此刻，有毒正能量正悄悄進駐。

你愣在當下，心裡想著：「他們有在聽我講話嗎？我真的該對失業心存感激？」

你不知如何是好，因為你沒有半點感恩之情，該拿什麼來面對朋友的回應？你明明焦慮到快抓狂了！這當下，你只覺得沒有人瞭解自己，只好把自己真實的感受擱置一旁，對朋友說：「哦，謝謝。」

到這地步，你不只失業，還覺得朋友離你好遠好遠，更覺得無法往好處想的自己很丟臉。

他們只是想幫忙

聽著，這些人不壞，他們多半立意良善，所言也不全然皆錯，你此刻確實會有比較多時間休息，狀況也有可能（甚至往往會）更糟，而你也真的很有機會從這些經驗裡獲得成長。

問題在於你還沒走到那個階段。你才剛遇到困難，還處在擔憂焦慮與煩悶裡。恐懼令你身心都進入危機狀態，這不是老生常談就能解決的。你需要在情感上獲得支持，也需要空間整理自己的感覺。

在事發當下或甫過不久，我們根本還無法消化那些「充滿正面意義的建言」，因此，它們就成了有毒的正能量，讓置身困境的我們不但感覺自己無法被聽見，更覺得被評價和誤解。

有沒有覺得聽起來很熟悉？

「保持正向」向來都是件好事，不是嗎？

搞不好你曾有許多如上所述的經歷，但仍疑惑保持正向為什麼會帶來壞處？它明明很有力量啊！真的有這麼糟嗎？

坦白說，「保持正向」在人類的文化裡堅不可摧到沒有人敢挑戰它的存在。當我持續研究與撰寫這個主題的文章時，總擔心自己在討論過程中會顯得太過「負面」。每次試著反擊「負能量退散」的文化，都會引起人們的不滿、震驚與困惑。我的收件匣塞滿各種評論與留言，像是：「正能量怎麼可能有害？你瘋了不成？」

我知道自己的做法等於在挑戰一切，因為我們的文化宣誓效忠於正能量，無論是醫師、心理師或任何領域的佼佼者，都深信保持正向是通往幸福的關鍵。在這種情況下，不同的看法會引起疑惑也很正常。然而事實是，我的個案、朋友、家人多年來都提到，什麼事都得正向思考的感覺其實很不好、很有壓力。他們身邊不乏總是把「一切都會沒事的」「凡事往好處想」等話掛在嘴邊的朋友，他們也很難跟這些朋友相處，更知道那些話根本毫無用處。如果可以，好想聽到不同的說法。

不過在正式探討有毒正能量之前，有件事仍得先說清楚、講明白——並非所有的正向思考都不好。

正確使用正向思考是很棒的，專家們也同意感恩、滿足、樂觀、自信等正向感受可延年益壽與促進健康。雖然有些效果可能言過其實，但正向思考確實有其價值。經常處在正向感受裡的人，多半會有比較豐富的社交生活、較積極主動、較樂於從事有益身心健康的活動。因此，打從心底感到「正能量充滿」是很健康的一件事，此點無庸置疑。

但不知怎麼回事，社會把保持正向定義成「只看每件事情的正面意義」。我們得強迫自己成為正向思考的人，否則就是失敗者。負向思考成了敵人，無論自己或他人，只要有一點負能量，就會遭到譴責。因為缺乏正能量代表你不夠努力，還會拖累別人。

健康的正能量允許人們在現實和希望之間保有一些空間，有毒的正能量則會迫使人們否認與壓抑情緒，認為自己與別人都「不應該有情緒」「有情緒是錯的」「只要再努力一點，就不會有情緒」。

心情不好時還被迫要正向思考的感覺，我相信大家早就受夠了。但公然質疑正向思考，等於向一個屹立不搖已久的信念宣戰。

但我管不了這麼多，做就對了。

你以為的樂觀，其實是羞愧

試想你剛丟了工作，朋友卻對你說：「不要難過，至少……」。很多時候，「至少」兩字一出現，意味著接下來沒什麼好談的了，也甭討論什麼情緒或如何處理。無論你是否準備好，都該乖乖閉嘴，別再拿自己的壓力、擔憂或愧疚感去困擾別人，你只能往好處想、只能懂得感恩，只能當一個樂觀的人。

這些看似不起眼的互動過程會令你不自覺地壓抑情緒，好表現出若無其事的樣子。你依然失業，也依然心碎。你明明覺得糟透了，但只要情緒稍微探出頭來，你會趕緊把門關上，將它隔絕起來，即使知道這樣沒用，反正眼不見為淨就好。你的失眠越來越嚴重，也因為不想假裝一切安好而開始避免待在有人的地方，更緊張到無法向任何人詢問建議。但比起直接處理情緒，你寧可在 Instagram 上發表滿滿正能量的貼文，並期待自己會因此感覺好一點。

事實上，你正一步步踏入「有毒正能量」的羞愧迴圈（shame spiral）裡：先是氣自己「為何有感覺」，然後努力提醒自己「不該有這些感覺」，並試著「用微笑面對一切」；一發現正向思考無法帶來源源不絕的正能量，你就開始生氣，惡性循環就此成形。

我想幫助你跳脫這個摧殘靈魂的無限迴圈。

當你用正向思考當藉口來逃避……

身為心理師，我成天都在聆聽個案訴說他們的情緒與經驗，也從中看到人們有多容易作繭自縛。大部分的會談都圍繞著「應該」，人們動不動就覺得「我應該要快樂，不然就是我做了什麼讓自己無法快樂的事」，然後陷入正能量羞愧迴圈裡出不來。針對這類型的個案，我會協助他們回頭檢視那些「應該」是從哪學來的？真是如此嗎？有事實根據嗎？可以用不同或較為個別化的角度來看待這些情境嗎？除此之外，也有些人以樂觀與正向思考來逃避不舒服的情緒，戴夫（Dave）就是個好例子。

戴夫坐在我對面的小沙發上，眉開眼笑地分享家庭的美好以及他感覺多棒。他打從心底高興，覺得自己接下來只要再多努力一些就好。乍聽之下，這番話既正常又滿載希望，但出自一個剛住進精神療養院的患者口中，就不那麼尋常了。戴夫之所以會住院，是因為嗜酒成癮到身邊的人認為他已經失控，但他堅持自己只是心情太好與熱愛交際而喜歡喝酒。他從不認為這是個問題，是身邊的人太過小題大作與掃興。畢竟，所有快樂又愛交朋友的人都會喝到忘我，不是嗎？

不同於那些鬱鬱寡歡、愁容滿面的病友，戴夫臉上總是堆滿笑容。這樣的他在精神療養院裡穿梭走動，看起來既突兀又令人困惑。他非常熱衷用「保持正向」來因應問題，對總是看起來很開心的自己也相當引以為傲。但他的酗酒成性、無法感受情緒、缺乏親密關係等問題都告訴我：一切不是表面上看到的那樣。事實上，他滿滿的「正能量」反而是心理治療與復原歷程中的最大阻礙。

為了在生活中隨時保持「一切都棒透了」的心態，反而會變得難以表達很多情緒，而且這種狀況比我們所以為的還要常見。

以戴夫為例，他無法碰觸任何「不夠正向樂觀」的感受，只要察覺到心情似乎有點不美麗，就馬上設法斷開自己與情緒的連結。身為局外人，我能輕易看出戴夫拿酒精來應付負向情緒，他自己卻難以理解兩者之間的關係。戴夫以「正向樂觀」作為擋箭牌，我們無法深入處理他過去的生命議題，也無法為他未來的心理健康擬定任何合適的計畫，甚至無法聚焦討論他酗酒的問題，因為他相信只要往好處想，所有問題都能解決，生命會自己找到出路。正向思考成了他的金鐘罩鐵布衫，保護著他不必去面對任何可能會不舒服的事情。在他願意放下這層厚重的保護殼之前，想有任何改變都難如登天。

我所接觸過的個案裡，越勇於面對負向情緒者，越能感覺自己的生命是完整的。出現負向情緒時，他們也會感到羞愧與難受，但不會擺出笑臉當作什麼事都沒發生，而是認真地消化那些不舒服與不愉快。

面對情緒，我們不需要落荒而逃，可以試著去經驗與感受，這將有助於我們相信自己「有能力面對與處理生命中所發生的一切」，進而建立起真正的樂觀。

正向思考怎麼變得有害

在以下情況中，正能量會帶來傷害：

- 當人們希望從談話中獲得支持、認同、同理，卻只得到陳腔濫調的回應。
- 暗指人們做得不夠好、不夠努力，或不該出現不舒服的情緒，引發對方的羞愧。
- 讓自己因為不夠快樂或正向積極而感到丟臉。
- 否認現實。
- 漠視合理的擔憂或疑惑。
- 告訴人們「有壞事都是自找的」。

有毒正能量的核心特徵是滿懷好意，卻又漠不關心。常被用來：

- 結束談話。
- 向人們解釋為何他們不該有那些感覺。
- 說服人們只要夠努力，一定會幸福。

- 要求保持正面積極、不要想太多。
- 否認或逃避當前困擾。
- 逃避承擔責任。
- 試圖讓別人感覺好一點。

用心傾聽，比正向思考更重要

脫口說出老生常談，通常是為了提供協助而不是造成傷害，正因如此，有毒正能量的概念才會引起強烈反彈，畢竟「我只是想幫忙，怎麼可能變成在害人」？

在危機或創傷時刻，當個真誠與可靠的人是很重要的，這會讓傾訴者覺得自己被聽見、被看見、被理解。也許不可能隨時隨地都如此對待每個人，但至少在重要時刻給出真誠去貼近對方，支持與同理他們曾經歷的一切和真實的感受，而不是用有毒正能量去美化或否認發生在他們身上的事。對於他們如何處理事情及解讀所遇到的狀況，或許無法完全同意，但只要打從心底想瞭解與陪伴他們，不妨在不過度影響個人界線的前提下，試著聽聽他們訴說發生了什麼事，以及他們有什麼感覺。很多時候光是如此，已能帶給別人極大的安慰與幫助。

還記得你失業時想安慰你的朋友嗎？他們用的就是有毒正能量：「至少你現在每天都可以休息！說不定還有更糟的。想想看你會因為這些經驗成長多少。」

當然，他們不是故意要傷害你，這些充滿正能量的語言早已根深柢固地存於內在，不是急中生智創造出來的。打從我們還很小的時候，身邊的人就經常用這種方式說話，一再重複的結果就是我們也受到制約，內化了這些語言，相信正向思考一定有用，即使我們不覺得它幫得上忙。也因為外界太過推崇它的用處，導致我們不敢面對與承認它其實一點用都沒有。

你的朋友不是壞人，也不是要害你，他們只是將自己從無數自助書籍、社群媒體、朋友、家人那裡聽到的東西複誦出來而已。

但話說回來，撇開意圖不談，這裡使用的語言仍是重要的，影響我們如何看待自己與世界。我們選擇的字詞會改變大腦，影響我們與其他人建立連結的方式。

如果希望能有效溝通並讓別人感覺被支持，一定得先瞭解他們活在什麼樣的世界、遇到什麼樣的情形。對沮喪的人使用有毒正能量，只不過是講出長年以來學到的話語，而不是真心進入對方的世界去聽聽他們的狀況、理解他們的感受。

當一個人試著對你分享他的脆弱、心情、困頓與掙扎時，一味鼓勵他往正面想，或是拿一些陳腔濫調來回應，不僅於事無補，還可能讓情況變得更糟。多數正向語言都太過粗糙，缺乏同理和好奇，把焦點放在說服別人現在的感覺是錯的，以及應該要有什麼樣的感覺才是對的，不僅容易淪為紙上談兵，也會讓你想幫忙的人感覺更不好，而這絕不是你的初衷。

總歸一句，正向思考和語言不是不能用，但要用在對的時機、對的人以及對的議題上。

對的時機

之所以想快點講些正向鼓勵的話，是因為我們想讓別人感覺好一點。我們期待能因為自己說對了什麼，別人的痛苦能就此消失，這其實也夾雜著些許自私：陪在一個痛苦的人身邊可不是件愉快的事，如果對方能趕快好起來，我們也能早點解脫。

試想，有人在身邊沮喪大哭、又悶又煩，你肯定不好受，因此當下滿腦子想著如何讓事情快點好轉是很正常的。

遺憾的是，心急之下所採取的行動往往招致失望的結果，同時讓前來傾訴的人覺得自己的聲音沒有被聽見或是感到丟臉；連帶打擊到傾聽者的自我效能感，讓他們一方面覺得自己很沒用，一方面則覺得雙方之間似乎有了隔閡。

時機決定一切，鼓勵別人往好處想之前，請務必記得：

- 時間不會撫平所有傷口。每個人消化事情的步調不同，而人們有權利決定自己在療傷過程中要走得快或慢。
- 每個人對於挫折的反應都不同，除非他們的反應會危害生命或直接傷害到任何需要被保護的人（包括你、小孩子、老年人等等），不然大可以讓他們好好地去經驗他們的感覺，不需要對此加以導正。
- 人們通常得要先能接受擺在眼前的事實，才能繼續往前進。
- 不是所有事情都能找到解決方法或正面意義，有些事真的、真的、真的非常困難，而這是正常的。
- 眼睜睜地看著別人深陷痛苦是很不好受的，也請多體諒和照顧自己。

在以下狀況中，請盡量別使出老生常談：

- 對方正為某事痛哭，或顯然極為痛苦。
- 事情才剛發生不久，如剛被公司炒魷魚。

■ 在葬禮上或有人即將面臨死亡。
■ 對方已經說只希望你能聽他說說話。
■ 對方已經說自己不需要任何建議。
■ 真的發生了令人痛徹心扉的事。
■ 你還不瞭解事情的來龍去脈。

對的人

有人來向你傾訴，你給了他滿滿正能量的鼓勵。無論你用意何在，說出口的話所造成的影響，其實並不由你決定，而是由對方決定。因此，先瞭解對方是什麼樣的人是很重要的一件事。

每次在社群裡邀請大家分享被正能量荼毒的經驗，接著就會在我的收件匣裡看到許多經驗皆與宗教有關，像是「他們現在已經到上帝身邊了」或「這一切都是上帝的安排」之類的話語。由此可見，我們都應該先試著瞭解眼前的人，再決定要怎麼回應。例如宗教、信仰、上帝或許能安慰到某些特定的族群，對其他人卻可能一點意義都沒有。

如果我們用自己的價值觀或信仰來表達情緒支持，等於沒有站在對方的立場思考，只是講一些對自己有用的東西，還假設這些對別人也同樣有用。

對有憂鬱症狀的人來說，他們雖然想要快樂，卻也知道對自己而言，要感到快樂是一件很困難的事。因此「你要開心一點啊」之類的話，聽在他們耳裡可不是鼓勵，反倒簡化了他們每天睜開眼就要面對的問題。如果他們「可以開心」，他們早就開心了；如果事情這麼簡單，憂鬱症的盛行率也不會如此高居不下。

人們有權決定他們需要什麼樣的幫忙與支持，你則有權決定是否提供他們所需要的東西。如果可以，我們應該多瞭解對方正在經歷什麼樣的困境與掙扎，再據此給出合適的協助。

以下幾個重點不妨納入考量：

- 對方是否曾表達希望獲得什麼樣的支持？
- 你是否曾詢問對方需要什麼樣的支持？
- 當你鼓勵他們保持正向時，他們的反應是好的嗎？他們會說「謝謝」或回饋你有幫上忙嗎？他們感覺有好一點嗎？
- 每當你講了一些金玉良言，或試著鼓勵對方往好的方向想，談話是否就結束了？

瞭解對方以及他們希望如何獲得協助是很重要的，只要有不清楚、不確定的地方就開口詢問，這會讓你有機會成為最佳支持者。

困難的議題

對許多人來說，有些話題是非常痛苦且沉重的。根據我的研究以及與個案諮商的經驗，處理以下這些議題時，有毒的正能量與老掉牙的鼓勵根本沒用，甚至可能造成傷害：

- 不孕與流產。
- 哀慟與失落。
- 重大傷病與殘疾。
- 親密關係、分手或離婚。
- 家庭問題與家族關係疏離。
- 工作上的困難或失業。
- 外表。
- 重大創傷事件。

- 懷孕與為人父母。
- 種族、性別、跨性別、同性戀、殘疾、體型、階級等各種類型的歧視與偏見。
- 心理疾病。

這些都是非常個人且深層的議題。談論這些事情，可不像在抱怨排隊等太久或腳很痛那般簡單。這些議題往往會觸及自身內在、暴露出脆弱的部分，因此得用不同的敏感度來對待，不管是對自己或別人。

由這些議題所引起的情緒其實很需要被好好處理，因此不管是聽見別人碰上這些事情或是自己碰到，如果你想趕快搪塞陳腔濫調來安慰別人或自己，請先停下來，試著去感受和同理那當下的深層情緒，並試著從接納與支持的角度給出回應。

太正向也不好……

正向思考有時就像在槍傷上貼OK繃，非但幫不上忙，還導致情緒壓抑，對身體、心靈、人際關係及社會都造成損害。許多研究結果都清楚指出，壓抑情緒無助於解決問題，反而使人們更容易產生負擔與不適應，讓心情、對社交的負面感受、持續的負向情緒都變得更糟，甚至還會減少正向情緒。壓抑情緒也會對我們的身體健康造成不小的影響，無論壓抑的是正向或負向情緒，「壓抑」本身就會造成生理上的壓力，影響血壓及記憶力，增加飲食失調與心臟問題的風險。

廣義來說，「負能量退散文化」對社會及人際關係會產生不良影響。當我們強調某些情緒是「不好的」，等於忽略了一個事實：親密感多半是奠基於坦露自身的脆弱。遺憾的是，正向思考常在某些時刻被拿來作為武器，抹滅某些族群的真實體驗與感受。像是飽受歧視之苦的人們提出抗議，卻換來「為何我們不能好好相親相愛呢？」的回應。這句充滿有毒正能量的話不僅忽略他們的真實感受，更將整體社會和制度的問題乾坤大挪移成個人的責任。為自身權益抗議的人若不閉嘴，就會變成和平的破壞者，真正該被重視的議題或有關單位卻得以全身而退。

別再說這些充滿有毒正能量的話了！

成千上萬的人捎來訊息告訴我，當他們身在痛苦之中，哪些話語會讓他們感覺自己被否定。

我們已經知道正向思考是否有用，端看使用的時機點、對象以及議題。接著，來看一些有毒正能量的典型例句，以及它們為什麼幫不上忙。在本書較後面的章節裡則會討論怎麼說或怎麼做，比較能產生助益。

「生命給你的挑戰，永遠不會超過你所能負荷的。」

生命中所發生的每件事都不是壞事，因為一定有方法可以解決。問題是，有些人就是沒有強大到能夠面對發生在自己身上的事，這也沒有什麼不對。但這句話本質上在強調「天將降大任於斯人也，必先苦其心志、勞其筋骨」，所以遇到「壞事」的人最好打起精神好好面對挑戰，才能從中有所學習與收穫。

「你會沒事的。」

對一個正處於極度恐慌或震驚的人講這句話，根本沒有任何說服力，也不具安慰的效果。因為這只是一句毫無根據的空話（你怎麼知道會沒事？沒事的定義又是什麼？充其量是你個人的看法而已吧？）也會很快就為一段談話畫下句點。

「別哭！」

這是一句很容易脫口而出的話，因為我們很不習慣與情緒激動的人相處。哭其實是很有用、很正常且本來就可被允許的行為。一直叫別人不要哭，等於對他們說哭是一件不好的事，間接鼓勵他們壓抑情緒。

「笑一笑嘛！」

要求心情不好或狀態不佳的人笑，等於在傷口上灑鹽，同時也是一種壓迫。

「你應該要對許多事情心懷感恩。」

沮喪與感恩並不衝突，只是當我們還在痛苦中掙扎時，這很容易讓我們覺得自己的感受不受重視、不被瞭解。

「時間會治癒一切。」

時間不會療癒所有傷口。對還未走出傷痛的人說這種話，只會讓他們覺得更丟臉。只有當事人能決定自己什麼時候才真正痊癒。有時候，有些傷甚至永遠不會癒合。

「開心一點／往好處想啊！」

說得容易，做來難啊。這句話把處理困難和複雜的情緒看得太過簡單，對於正面臨嚴重心理健康問題的人來說更是如此。

「至少事情沒有——。」

任何以「至少」開頭的話語都低估了實際的嚴重程度，比較痛苦的程度其實一點意義都沒有。「嘿，至少你還沒死啊！」這句話也沒錯，對吧？但有幫助嗎？我可不這麼認為。

「態度決定一切。」

這句話同樣太過於簡化現實生活中的問題。許多研究發現，一個人會成功有很多原因，態度是其中的重要因素之一，但不是一切。

「感謝這段經驗讓你學到不少。」

對於經歷重大創傷事件的人而言，這是最具傷害性的一句話了。我很常看到人們對受虐者這麼說。是的，我們最終都會從苦難之中有所學習與成長，但不代表我們非得感謝這一切不可，畢竟付出的代價太高了。

「搞不好會更糟呢！（你這樣還好）」

是啦，狀況說不定會更好呢！這句話同樣犯了過度簡化的錯，而且還暗指：既然這不是最糟的狀況，你就不該這麼痛苦。

「驅除你生命中所有的負能量。」

缺乏負向經驗，生命就沒有學習與成長；如果避開生活中所有與負向事件有關的人事物，我們會孤獨終老，情緒發展也會受阻。

「永不放棄。」

在某些情況下，放棄反而是非常勇敢或必要的決定。放棄不代表軟弱或無法面對挑戰，有時正因為夠堅強，所以知道何時該轉身離開。

「所有事情的發生，皆有其意義。」

對遭遇重大創傷或失落的人說這句話，是非常傷人的。有些事情就是發生了，沒有顯而易見的意義，或者根本沒有任何意義。當人們遭受攻擊、失去孩子，或因疾病所苦，卻硬要告訴他們這一切都有「意義」，可能會讓他們困惑、更不被理解。

以上這些句子都無法協助我們聆聽受苦者分享，或更進一步瞭解他們發生什麼事，也缺乏情緒表達的空間與建立連結的機會。這些句子只是金玉其外，實際上卻空洞不已。

正向思考是怎麼崛起的？

正向思考被拿來當成萬靈丹可不是這一、兩天的事。現在的我們有「負能量退散」保險桿貼紙，以及各種自我療癒大師說：只要快樂，就會事事順利。但其實早在這些出現之前，我們就已是盲從於正向思考的信徒。

今日在西方國家看到的正向思考，已是世界各種健康傳統的綜合體，它各自在偶然的狀態下進到這片土地、為人們所採用。它起源於一群來到「美洲新世界」的白種人，而美洲新世界就是後來的美國。如今我們知道這世界一點也不「新」，早就有許多人居住其上。

抵達新世界的人裡有許多喀爾文教徒（Calvinists），他們相信人性本惡，唯有上帝能將人類從罪惡之中拯救出來，命運也已安排好哪些人可得救，無轉圜餘地。懶惰和縱欲被視為罪惡，你只能努力工作並希望自己是那個能獲救的天選之人。在這樣的時代背景下，生活並不好過，喀爾文教徒也無法發展出新世界想要的那種激勵人心語言。

隨著喀爾文教派廣為流傳，也對社會產生影響，前來新大陸定居的人們逐漸對這樣的文化感到不適，於是發起「新思想運動」（New Thought movement），並從中找到真正想要的一切。

新思想運動的內涵是要為人們帶來希望、提昇士氣，然而這活動不只振奮人心，還完全無視他們所在的現實。

新思想運動的跟隨者相信，若能觸及靈性的無限力量，就能掌控精神世界。這種想法之所以吸引人，是因為這讓他們覺得自己有力量控制人生，而不是只能在喀爾文教派底下過著命運已被決定的受限生活。

至此，這片土地開始變成較為正向樂觀的新世界，人們開始期待與追尋快樂。不幸的是，雖然有了新展望，世界卻沒有任何改變。

新思想之父昆比醫生（Phineas Parkhurst Quimby）在十八世紀將正向思考提升到截然不同的層次。他相信人之所以會生病，是因為心靈受到錯誤信念的影響，個體若能與自己的心靈合一，連結宇宙的力量就能治好自己。

即使從未經過任何嚴格的科學檢測，這樣的新觀念很快就傳播開來，時至今日仍可在許多地方看見此信念的蹤影，例如吸引力法則、替代療法等等。

曾是昆比醫師患者的瑪麗・貝格・愛迪（Mary Baker Eddy）也成為新思想的推手，認定生病的源頭是人類的心靈。她認為疾病與需求都只是短暫的妄想，並非真實的存在。昆比也曾用此一理論解釋為什麼世界上會發生壞事，藉此強調移除負能量的重要性。

正向思考的風氣一直隨著心靈療法持續到十九世紀，強調正向情緒與信念帶來的療癒力。被稱作美國心理學之父的威廉・詹姆斯（William James），是美國本土第一位哲學家與心理學家，也曾著迷於心靈療法與新思想運動。儘管未能完全參透心靈療癒為何有用，他仍深受這種創新的思考方式及看待世界的角度所吸引。不過，他後來也對此現象抱持異議，甚至是第一個指出「有毒正能量」的人。

他同意新思想運動有助於反轉喀爾文教派帶來的憂鬱氛圍，為人們的思考方式與生活注入正面的能量，但他也注意到新思想運動傾向迴避與忽視現實生活中的悲慘與不幸。因此，詹姆斯認為新思想運動倡導的內容僅適用於「心理健康的人」，並且只能作為一時的解決方案。他同時注意到，把加害的體制擱置一旁，轉頭要求飽受憂鬱和壓迫之苦的人保持笑容，是多麼殘酷的事，會讓整個社會籠罩在「有毒的正能量」之下。可惜，沒有人理他。再怎麼說，只要藉由改變想法，就有機會掌握宇宙能量並獲得任何想要的東西，誰抵擋得了這樣的誘惑呢？

新思想後來也被醫療體系用來治療身體上的病痛。即便事實證明它無法治癒傳染病，人們仍相信無法治癒的疾病就表示它「不是真的」，只是個體為了吸引別人關注或想逃離家務、社會義務等等的藉口。請注意，那是一個認為女性天生病弱，而且得在黑暗房間裡躺上幾星期才能把病治好的時代。但是人類文明走到今日，我們居然還是認為正向思考可以用來對抗某些疾病。

隨後，科學與醫學逐漸有了重大進展，和疾病息息相關的細菌學吸引住人們的目光，使新思想運動在健康領域變得勢微，迫使其追隨者將注意力轉移至財富與成就。美國人以創造財富和繁榮之名支配新的殖民地與住民，開始沉迷於權力。

拿破崙．希爾（Napoleon Hill）所撰寫的《思考致富：成功致富的十三個步驟》（*Think and Grow Rich*）在一九三〇年代成為正向思考風潮所推崇的經典。在書中，希爾提出打造成功的白金法則，只要一步步照做，就能產生**「熾烈的致富渴望」**來為自己爭取成功人生。這些法則並不要求人們辛勤工作，但如果做得不對，可是會失敗的。

從這時起，社會上開始瀰漫對權力與正能量的追求，其癡迷的情形在現今職場中仍隨處可見。

正向思考就這麼成為新時代的教義，比起喀爾文教派監控與罪惡、懶惰、自我放縱有關的思想和感覺，正向思考則要求人們監控「負面思考」的出現。一九五二年，諾曼・文森・皮爾（Norman Vincent Peale）推出《積極思考的力量》（*The Power of Positive Thinking*），更進一步鞏固人們對正能量的狂熱。此書一出版便蔚為風潮，連續一百八十六周都在《紐約時報》銷售排行榜上有名。它可說是近代第一本教導如何改變人生的說明書，後來更成為許多自助書籍的原型，打造出許多自我療癒大師。

在十九世紀初，因達爾文的功勞使優生學一度非常盛行。根據其理論，情緒表達與情緒控制在高低等生物的演化過程中扮演著關鍵角色，因為快樂、樂觀、自我控制創造出演化的優勢。達爾文相信，與心理疾病有關的負向情緒是脆弱的表徵，應該盡可能排除容易憂鬱或憤怒的人。根據「適者生存」的邏輯，表現出負向情緒或有情緒控管問題的人會損耗其他人的幸福感。

這樣的論點後來被視為維持社會秩序的標準，導致許多人被孤立、譴責，甚至死亡，其中包括生理或心理上有所殘疾的人、同性戀、跨性別者等許多遭社會邊緣化的族群。達爾文的支持者認為，如果能事先消除各種可能造成負面結果的因素，就能確保社會的繁榮安康。

緊接著，連心理學也開始熱衷於追求幸福感。

兩位心理學界的佼佼者：約翰・華生（John B. Watson）與斯坦利・霍爾（G. Stanley Hall）提出所謂的「烏托邦願景」。在這個願景裡，人們永遠都是幸福且具有生產力的。也因此，社會開始把提出負面言論、正在經歷負向情緒的人視為眼中釘。

華生在他的書《行為主義者眼中的心理學》（*Psychology: From the Standard of a Behaviorist*）裡提及，心理學最重要的目標是「打造」健康的個體，也就是意志力堅強（或擁有強大的精神力），不會生氣、害怕，也不需要依附別人而活。他相信人們可以跳脫情緒思考，並透過想法來創造自己的命運。如果有人做不到，是因為意志力太薄弱，這樣的人需要被隔離起來。

如今，我們打造出數十億美元的正能量商機，包括研討會、書籍、支持團體、勵志演說家等等。正向思考成為自助產業的基石，世界各地的人都為它瘋狂。自我成長專家、心理師、教練不斷提醒，我們距離更好的生活就只差那麼一個正向的意念，市場上更有成千上萬本鼓吹正能量的書籍四處流竄。全世界銷售量最高的《祕密》（*The Secret*）與《吸引力法則》（*The Law of Attraction*）成了正向思考與豐盛、財富、成功的同義詞。正向思考的力量可以運用到人生的各個面向，包括財務狀況、健康、人際關係及生涯規劃等等。

與喀爾文主義不同，正向思考運動鼓勵我們持續監控想法中的負能量，且透過書籍、學習單、名言佳句，以及隨時自我評估，永遠對其保持警惕，好對付真正的敵人——負能量。

多虧廣為流傳的出版品及專業人士的代言，正向思考無所不在。

無論是在職場、家庭、人際關係中，還是遭逢悲劇，眾人都期待我們能一樣感到歡喜。身體自愛運動[1]要我們以正向的態度看待自己的身體；正向思考奉行者會對抗議歧視橫行的人問：「為何我們不能好好相處？」進而建議彼此相親相愛；正向積極成了疾病鬥士與殘疾人士都該要有的態度；校園、醫院、辦公室貼滿各種海報，提醒我們要樂觀面對所有事情並找出它們的意義；辦公室裡放著乒乓球桌與顏色鮮亮的沙發來暗示「你在這裡會過得很開心」；我們不斷看著網頁上永無止盡的正能量小語、微笑的臉龐以及

譯注① body positivity movement。由關注厭食症病人的 Connie Sobczak 與 Deb Burgard 所提出的概念，透過著作鼓勵人們接納和擁抱自己的身體，推翻社會單一的審美標準，同時成立機構 The Body Positive 協助人們擺脫對身體的憎惡，改善人們的自我形象。

歡樂的社群網站標題，而台上的大師與勵志演說家則口沫橫飛地講述負面思考如何阻礙我們的進步。

不管是真的快樂，還是得表現出快樂的樣子，都會帶來壓力：面對生活中發生的事情，我們一定要保持希望、找到樂觀積極的視角、找到好理由；離開生活中帶有負能量的人，因為他們會扯你後腿；多笑一點，保持正向，負能量退散；去活、去笑、去愛，我正在傳送光與愛給你；以異樣字型呈現的主題標籤#感恩。

諸如此類的東西源源不絕，洗腦般地灌輸「缺乏正向思考能力將一事無成」的訊息。正向力無所不能！我們一定要把正向思考視為人生的義務！

可是，如果保持正向是通往美好人生的關鍵，為何還有這麼多人過著悲慘的生活？

正能量為何如此迷人與誘人

某個下午，盛裝打扮的托莉（Tory）走進我的辦公室，看得出來她應該花了大把時間在裝扮自己。她坐立不安地待在沙發上，感覺很緊張。

托莉細數長久以來在自我提升方面所下的功夫，我們談到靜修、保健食品、療癒師、營養師、生活教練、她過去所有的治療師，以及她如何利用周末埋首於自助書籍裡。她說，每天她都會以感恩列表展開一天，然後以正能量佳句為一天畫下句點。她的鏡子上滿是寫著正向小語的便利貼，像是「你真是棒透了！」「你可以的！」

說著說著，她低頭凝視著地板，承認這一切顯然沒什麼用。我看得出來她懷著極大的罪惡感，躊躇著是否要告訴我：照理說這一切應該要有用才對，所以成效不彰意味著她的失敗，肯定是她做錯了什麼。

托莉對治療的期待是「快樂」，但我和她可能都不曉得「快樂」到底長什麼樣子。她每周都會談到自己又做了什麼讓她覺得快樂的新嘗試，深深陷入自我提升的迴圈裡無法自拔。

後來，我們發現她真正想要的是無時無刻都感到快樂。她不想要痛苦，想要自己充滿正能量、想要被愛。她認為帶著負能量的人很煩且不討喜，正向積極才是最好的，也是她最想成為的模樣。在追求幸福快樂的過程中，托莉漸漸感到耗竭，而她顯然已經花了很長的時間尋找答案，幾乎試遍所有自我成長大師和勵志演說家認為應該要做的事情。

我打從心底明白她的挫折並問她：「如果妳不快樂的話，會發生什麼事嗎？這樣真的不好嗎？」

她瞪大眼睛望著我，顯然不知如何回答這些問題。

托莉無法自我接納，無法看到自己其實已經夠好了，總覺得好像還是這邊少了一些、那邊缺了一點，而這令她痛苦不已。這世界不斷鼓吹只要持續自我精進，總有一天會變成充滿正能量的人，過著幸福快樂的生活。於是她開始不停檢視，尋找自己還有什麼地方需要修正或改善，這帶給她控制感，也漸漸成了難以割捨的習慣。她的配偶既冷漠又拒人於千里之外，她卻不肯承認這件事造成的影響，也不坦承工作帶來的壓力，只因為她打從心底認定：無論發生何種狀況，她都應該要能掌控自己的想法和情緒。

在這種情形下，除非托莉願意試著瞭解自己的內在需求及外界對她造成的影響，不然她會持續在錯誤的地方尋求控制感。一旦目標無法達成，就會陷入自責。

正向思考讓人覺得能掌控一切

我相當能感同身受，因為我曾和托莉一樣。我太瞭解那種想要尋求平靜和放鬆的感受，不停追尋著能讓自己開心的事物，也許是更好的身材、更多的朋友、更大的房子等等。這是個永無止盡且非常耗能的追求，卻讓人欲罷不能。因為它充滿可能性，讓我們覺得自己好像可以掌握什麼，也覺得自己會被愛。自我提升與追求正能量看似不會造成傷害，於是我們相信只要再多努力一點，總有一天，一切都會變好。

正向思考為何這麼有魅力呢？有以下幾個關鍵：

- 它讓我們以為自己握有生活的掌控權。
- 它讓我們不須為別人的生命負責。
- 事情出錯時，永遠有可以怪罪的對象——自己的想法。

人類最大的恐懼是「不確定感」，想減少不確定感帶來的焦慮，就要提升對狀況的瞭解及掌握度，而正向思考之所以強大，就在於它有個簡單易懂的公式：改變想法，就能改變人生。因此自古以來，人們一直在尋找「為何會發生壞事」「要如何獲得所有想要的東西」的答案，未曾停止。

尊崇吸引力法則或各種正向思考與顯化的人，知道依著什麼樣的步驟就能得償所望。未能如願，一定是因為做得不對或不夠努力。換句話說，只要態度正確再加上充分的正向思考，我們就能掌控人生，每個人都能、都要為自己負責，且永遠知道事情出錯時該責備誰。宇宙的奧祕終於被破解，無論疾病、歧視、戰爭、大自然災害、失業、死亡等等，都不再那麼神祕，而是有跡可循，也就有法可解。

聽起來很了不起，對吧？對我來說，這一切實在好得太不真實了。

人人都想要開心的寶寶

許多父母或照顧者會說：「我只希望孩子過得快樂。」誰不想如此？對多數父母而言，「快樂的孩子」代表他們盡到為人父母的責任。對孩子來說，「只要快樂就好」似乎是個很簡單的目標，但不知為何，從呱呱墜地的那刻起，保持快樂與正向思考就已變成一種壓力。

二〇一九年在《科學美國人》（*Scientific American*）期刊上有篇文獻：〈快樂的嬰兒會有較好的表現〉（Happier Babies Have an Edge）。這標題映入眼簾的那刻，我的胃都打結了。

哇！現在是怎樣？連嬰兒都要為了贏在起跑點上而過得開心嗎？

不過想想倒是滿合理的，生活中與嬰兒有關的形容詞，像是「他們真是快樂寶寶」「天啊！他們像寶寶一樣哭個不停」就可發現嬰兒被分類為正向或負向、好帶或磨人。如果可以，當然人人都想要一個開心的寶寶啊！比起膽小或不停尖叫的嬰兒，快樂寶寶不只好照顧、較沒有負擔，還能獲得更多來自父母的稱讚與關注；從另一個角度來看，照顧者面對的若是開心的孩子，將比較有機會好好休息，心情也會比較好，就能給出更多正向的照料。

由此看出，你的氣質從小就影響了身邊的人，進而再回饋到你身上，慢慢內化為你的一部分。或許時至今日，家人仍會把當年照顧你的辛酸苦辣掛在嘴上。

上述這個特別的研究發現，嬰兒期的幸福感能預測兒童期智商和成年後的教育程度。研究者觀察孩子們經驗到正向與負向情緒的頻率，以及這些經驗在孩子成長過程扮演的角色。我們知道正向情緒如喜悅或愛能提升創造力、解決問題的能力以及親和力。所以兒童經驗到越多正向情緒，就會投注更多時間於玩樂、學習與社交，這些對他們的發展及成長有直接的貢獻。

相反地，兒童經驗到越多負向情緒如哀傷、生氣等等，花在學習的時間就會減少，因為他們得先想辦法擺脫造成困擾的事物或消化相關的感覺後，才有心力學習或遊玩。這很合理，但作者也指出研究對象若來自風險極低的族群，推論結果時須格外謹慎，然而孩子身處的環境若對其成長有較多不利因素，就可能經驗較多負向情緒，造成幸福感降低。其他研究也發現，高逆境會造成低智商、低學業成就及低幸福感。

綜合以上所述，可以合理推測真正影響兒童未來成就的不是幸福感，而是他們能否在充滿愛與支持的環境裡成長。因為在這樣的環境下，他們需要面對的困境較少，幸福感也會較高，才有更多機會好好成長、發展及變得快樂。

隨著兒童的早期發展，情緒經驗會儲存於大腦中，進而影響著未來。心理學家花了三十多年研究觀察嬰兒氣質的發展，以及為何他們呈現的開心程度有所不同。結果發現，隨著時間過去，兒童的氣質其實是相對穩定的，僅有少數發生劇變。透過與照顧者建立良好連結、在安穩環境中長大等正向經驗，有助於調節氣質。有些嬰兒天生就比較容易開心，有些則因為生長在較具支持性的環境與經驗才變得比較正向。然而，我們往往在很小的時候就知道，快樂和正向表現會獲得好的回饋。

幼兒從很早期就開始注意照顧者的情緒，包括他們如何處理情緒、維持情緒與後續行為之間的關係。以這些觀察為基礎，孩子越來越懂得察言觀色，好掌握照顧者及其他家庭成員的情緒狀況。之所以需要發展出這樣的技能，是為了生存。因為他們要能看出照顧者開心與否，才得以判斷接下來該如何應對或調整自己的反應。幼兒的情緒健康與成長環境中的情緒、互動特徵有直接關聯，因此主要照顧者的影響甚鉅。

許多家庭不允許出現某些特定的情緒，如果出現了甚至會造成孩子心生罪惡感，因此正向思考往往成為一種潛規則，也是最受歡迎的情緒。

不鼓勵情緒表達的家庭，通常會有下列情形：

- 照顧者明明狀況不好，嘴上卻總是說「沒事」。
- 當你沮喪哭泣時，照顧者會叫你不要哭，或對你說「要像個男子漢」「要堅強」之類的話。

- 認為所有的憂慮或抱怨都是「負能量」的表現。
- 照顧者很少顯露出負向情緒，若有，他們會否認或想辦法掩飾。
- 照顧者的情緒與行為不一致，例如明明在哭卻說「我一切都好」。
- 照顧者從不會開放地與你討論和情緒有關的事。
- 對情緒有「好」與「壞」的評價。
- 不易看出照顧者的情緒。
- 你得花很多時間與心力判斷家人的情緒。
- 從沒有人教你如何辨認自己的情緒。

小時候，我們或許都聽過類似這樣的說法：「樂觀積極的人最棒了！」「負能量爆棚的人最討厭了！」這些話語逐漸形成內在信念，並深深影響我們的行為。當身邊的人呈現出不管如何都該保持正向的狀態時，孩子也會透過觀察與模仿來學習相同的行為模式。結果即使狀況明明糟透了，也要想辦法表現出一切都好的樣子。最後就是我們都沒能學會好好感受與調節自己的心情，並理解這麼做的重要性。

在成長的過程中，這種情形還會不斷增加，尤其是在學校裡。走進任何一所學校，都能見到牆上貼滿「要快樂哦」「你笑起來最好看了」等標語，校方及老師都認為學習應該要充滿樂趣，學生也應該都樂在其中。教育機構願意花大把資金來讓孩子「開心」與提昇士氣，但提供足夠的心理健康、更新學習工具等資源，卻總是揪結個老半天還無法下決定。

長大後，近代職場也充斥著正能量文化，出現許多為了提升員工幸福感的派對、獎賞、會議，還鼓勵上班時要時刻保持好心情、要懂得感恩、要熱愛工作，把正能量以外的東西統統留在家裡。員工提供具建設性的批評或回饋，卻被視為在散發「負能量」，如果想加薪或升遷，保持正向才是王道。

「擁有正能量」也比較能在社會中獲得關注與獎勵，想想曾在媒體上見過的名人，我們肯定聽過無數類似的故事：

- 即使資源極度缺乏，依然創造出最佳表現。
- 重病或殘疾人士笑著克服一切的「勵志色情片」[2]。
- 以模範少數族群[3]來消除大眾對種族、階級或各種歧視的負面印象。

我們的生活周遭充斥著各種對正能量的偏執：掙扎其實是「擁有各種可能性」、壓力源是「人生導師」、哀傷意味著「無處可去的愛」、脆弱代表「正在湧現的力量」。

我們相信正能量是通往幸福、健康、長壽的關鍵，儘管這一切背後的意圖是好的，過分執著帶來的結果卻是迷失。

心想真的就能事成嗎？

正能量的死忠支持者最主要的道具之一就是「顯化」。

根據吸引力法則，顯化的定義是：你的想法、感受及信念可以透過冥想、想像、意識以及潛意識的力量，讓某些事物實際發生或出現在生活中。

譯注② inspiration porn。由身障人士 Stella Young 於二〇一二年提出的概念。她認為透過物化身障人士，以其殘疾來鼓勵正常人士，是對身障人士的一種消費、不尊重與歧視。

譯注③ model minority。泛指美國少數族群即使備受歧視，仍於職業、經濟或學業等方面有所成就，看似讚美卻同時隱含負面意涵，並可能成為種族歧視。

相信顯化的人認為，如果常沉浸在負向情緒裡，會吸引更多負能量。換句話說，你會把最常放在心上的事物吸引到生活裡。如果你正向且積極地想像渴望的東西，它就會出現。因此人們需要做的就是避開會造成阻礙的人事物，將注意力放在自己想要的東西上，然後耐心等待。顯化完成之前，你就繼續照常過活，不用特別再多做些什麼。

聽起來很簡單，對嗎？

然而，顯化法則與絕大多數的動機和成就心理學研究結果相衝突。它不鼓勵為可能的阻礙做準備、不評估個人能力，也不預先制定任何行動計畫；它更暗指壞事只會發生在那些成天預想著事情會變糟的人身上，因為他們渾身都是負能量，所以把壞事顯化出來，而且他們的振動頻率很低，會把不好的能量帶給這個世界。但是這種說法根本毫無依據，因為每天都有壞事發生在好人身上。

沒得到你想要的新車嗎？肯定是你不夠努力，再試一次！

相信顯化法則，然後責怪沒能將願望成功顯化的人很容易。問題是，當我們不認真思考與看待自身限制、系統的影響、可能遭遇的挑戰，進而制定合宜的行動計畫，事情就有可能無法順利進行。

儘管如此，顯化法則仍有一些無害的基本概念，例如為了實現願望，我們得先弄清楚自己想要的是什麼、想像可能的結果，然後相信一切都有可能成真。為了實現願望，個體與社會都有各自的責任要負。思考與理解可能阻礙目標的外在因素，間接鼓勵人們做好風險管理，嘗試讓生活變成自己想要的樣子。

比起傳統的顯化法則，我比較喜歡使用歐廷珍教授提出的WOOP工具來幫忙選擇、達成與評估想要的目標。

你可以試著從以下幾個問題開始：

一、你想達成什麼**目標**？（Wish）

二、達到目標後的理想**狀況**為何？（Outcome）

三、過程中有可能遇到什麼**阻礙或困難**？（Obstacles）

四、有什麼**計畫或方法**可以克服困難，邁向成功？（Plan）

WOOP能協助你確立具體目標、釐清從何下手；而好好使用它，更將有機會實現許多願望。不同於顯化法則，試著藉由想像去找出可能遭遇的困難是很重要的。一旦能看見阻礙，就能擬定處理計畫。承認自己有所限制或面臨挫折並不代表放棄，反而更有益於往目標推進。

但我不想當個負能量人

人們一聽到「有毒的正能量」，都以為我在鼓勵大家保留負能量。這同樣行不通，也非我真正用意。

重點在於「平衡」，人生本來就有正有負，還有一堆灰色地帶。我們長期受到「應該隨時保持心情愉快」的思想所箝制並將其內化，更開始對自己和別人施壓。如果無法成為一個正能量滿點的人，肯定是我們做錯了什麼或哪裡有問題，甚至會對世界和他人造成重大傷害。

接下來幾章，我們將一起瞭解同情、脆弱和好奇的力量，以及這些將如何幫助我們被看見、被支持、被聽見，以及與人建立連結。

很多時候，當我們這些需求得以滿足，就能產生面對困境的力量。

Toxic Positivity

想一想

花一點時間回顧你的人生並回答以下問題：

① 你何時學到保持正能量的重要性？

② 你的父母鼓勵你感受和表達各種情緒嗎？他們自己會表達快樂、生氣、傷心、失望等各種不同的情緒嗎？

③ 你會擔心自己給人很「負能量」的感覺嗎？

④ 你認為哪些事物能讓人打從心裡快樂起來？

“

你如何面對這個世界，
世界就如何回應你。

What you put out into the world is
exactly what you get back.

”

世界很殘酷，壞事會發生在任何人身上。
不幸的是，即使我們充滿正能量，仍感受得到痛苦。
為自己想要的生活與意義奮戰吧！
盡力做到最好就可以了，然後記得，
並不是所有發生在生命中的壞事，都是你自找的。

chapter 02

正能量為何失靈？

有毒的正能量潛伏各處。從癌症患者到失業人士，再到透過宗教尋求慰藉的人，不管遭遇何種狀況，只要正向思考，一切都會變好；不管工作、健康、宗教還是科學，都被迫要往好處想。這個不怎麼靈的萬靈丹，最終仍讓我們失望是有原因的，絕不是因為你做錯了什麼。

失業不哭，失業快樂！

艾莉莎（Alissa）任職於法律事務所，我們的諮商從她還是個新手助理時就開始了。她從早到晚埋首於工作，耗竭又過勞，卻始終無法跳脫悲慘的迴圈。工作環境裡充斥性騷擾，主管毫不支持員工，還經常在下班時打電話與寄信給下屬。在我看來，這分明是個對員工極不友善的環境，艾莉莎卻說自己能有這份工作實屬萬幸。

事實上，工作一而再、再而三地打擊她。公司因為她能力好而加派更多任務，更三不五時強迫她參加臨時會議，還要求她堆滿笑容表現出熱力四射的樣子。有時為了提升士氣，員工上班時得打扮得怪模怪樣，如果氣氛不夠熱絡，老闆就會不開心。艾莉莎從與同事的閒談裡聽出其實大家都受不了，只是敢怒不敢言，因為薪水很好、辦公室很高級，假日派對上滿是對公司的讚美。在這種情況下，有任何怨言都顯得自己能力不足或不知感恩。

我從每周的晤談裡觀察到艾莉莎已到了極限，她兩眼無神地看著窗外，細數自己的精疲力盡。她知道這樣下去不行，卻苦尋不著解套方案。我們花了很多時間討論如何設立界限、如何鼓起勇氣和主管討論自己遇到的問題，她也真的很勇敢地嘗試向主管訴說自己的失眠與過勞，同時表達對這份工作的重視和努力，但她真的無法一直這樣下去。主管聽完後，嘻皮笑臉地說：「妳能有這份工作，得要心存感激，外面可是有一堆人擠破頭想進來吶！」看著啜泣的艾莉莎，我打從心底為她難過，但對於她主管的反應，我絲毫不訝異。

除了生出極大勇氣，艾莉莎的工作環境並沒有任何改變。我們的諮商又回到討論工作太累、非上班時段收到電子信件等缺乏界限等議題。她開始說服自己「要認命」，畢竟外面多的是連工作都沒有的人，再說，狀況可能也不是真的那麼糟。

最好是正面積極就能成功

多數企業教練和雇主都認為正面積極是邁向成功的必要條件。搜尋「如何成功」，會出現成千上萬筆談論正向思考與成功的文章。那些保證讓你變有錢的暢銷書，也幾乎都在講心態如何致富。以《有錢人想的和你不一樣》（*Secrets of the Millionaire Mind*）為例，作者哈福・艾克（T. Harr Eker）認為教育程度、智力、技能、時機、工作習慣、人脈、運氣、選擇的工作、企業或投資都與財富的累積無關，心態與潛意識裡的信念才握有真正的影響力。如果你想變有錢，就要抱持正面且積極的態度。詭異的是，這些成功致富的方法聽起來總是很簡單，何以世界上的億萬富翁依然少之又少？

現在的公司也越來越講究辦公室的設施是否能帶給員工正向感受，於是開始出現電視牆、電玩、色彩亮麗的沙發和糖果等等。Google 位於以色列特拉維夫的辦公室有人造海灘與溜滑梯、倫敦辦公室則有海灘小屋及骰子形狀的會議室。公司打造出辦公室遊戲區並期待員工賞臉。噢不！你一定要樂在其中，甚至捨不得離開才行。

你想必聽過這個說法：如果想拿到工作或升遷，態度一定要好。即使丟了工作也要當個「失業快樂族」（funemployed），不該為失去工作、收入與機會而難過。坊間有大把講座、書籍、Podcast 及文章專門協助失業族在絕望中找到一線希望。就算失業也要開心！也要從中學習經驗！而且就業市場、景氣、如何取得資源都不重要，失業只是一座山，只要帶著笑容翻越，就能有所收穫與成長，想想這是多千載難逢的寶貴經驗！

#感恩讚嘆#失業快樂

消極負面的態度在職場上向來不受歡迎，畢竟沒有人想在辦公室裡獲頒「負能量大王」的封號。也因此，老闆總希望員工們常保正能量，甚至是半強迫地要求員工做到這件事。但，這樣做真的有用嗎？

帶著負能量去工作

帶領團體並不是件容易的事，大部分的老闆或團隊領導人都認為，員工的抱怨與負能量會加重主管的工作難度，如果團隊成員都是好人、經常面帶笑容、把自己分內事做好，一切都會簡單得多。但這其實只是團體迷思在作祟。歐文·賈尼斯（Irving Janis）將團體迷思定義為：「不惜代價達成共識的心理驅力。」團體迷思可說是職場有毒正能量的代表。它傾向除排異議，使人們為了融入群體、當個好成員而不敢說出與多數人不同的意見，以免破壞氣氛。當團隊裡出現團體迷思，大家往往會覺得這樣比較舒服，而且只要用對策略，就能避開緊張的氛圍。但這一切都是錯覺，因為和諧的氣氛根本無法持續太久。團體迷思與為了維持表面和平的壓力會讓員工越來越不開心，也會扼殺創意、讓公司停滯不前。

職場上其實是很需要負面意見的，如果總是對它趕盡殺絕，後果不堪設想，在創意產業更是如此。研究顯示，有毒正能量會讓創造力無法展現，也會讓人看不見公司或消費者可能遭遇的困境。《第五項修練》（*The Fifth Discipline*）的作者彼得·聖吉（Peter Senge）提到現實與理想之間往往有所障礙，而將之移除的能力稱為「創意張力」[2]，我們得要能夠反向思考或看見問題，徹底瞭解問題的來龍去脈，才有機會找到可能的解決方案。過程中勢必會有抱怨、宣洩情緒、懊悔以及指責等情形，然而這些正向思考者避之唯恐不及的事卻可能有助於解決世界上最重要的問題。正因為有使用者的抱怨，手機才會不斷更新，也才能造就出舒適的運動鞋。這世界若完全不鼓勵或禁止人們提出有意義的負面想法，很多問題都將無法解決。

過度強調正能量也會弱化我們對消費者的同理心。例如消費者提出投訴，卻要他往好處看，等於忽視對方的困擾。在餐廳吃飯時，你曾遇到送錯菜的情形嗎？請服務人員協助更換餐點時，多少也會希望感受到他們的理解與歉意；如果他們只是默不吭聲地把餐點收走，再換一道新的出來，你能接受嗎？我不行。真誠的同理需要傾聽、瞭解及感受，才能對症下藥。再回到出錯餐點的例子，服務生應該先向顧客說聲抱歉，傾聽客戶的不悅，然後雙方對後續處理方式達成共識再進一步解決，最後並確認顧客對最後的結果是否滿意。要做到如上步驟，不可能完全不聽或碰觸任何負面想法。

儘管美國的《公平勞動基準法》明確保障受雇者有權「向大眾提出他們對職場環境及顧客的不滿」，仍有許多員工表示「積極正面的工作文化」讓他們難以說出辦公室裡的問題，像性騷擾、缺乏多樣性、歧視，以及任何形式的偏見或重要議題等，他們往往會因為被期待要正向思考或要合群而被迫噤聲，這正是艾莉莎每天在工作上所面對的。

我們老是叫抱怨的人要懂得感恩惜福，但困難並不會因此消失。艾莉莎帶著自己的困擾去找主管卻碰了一鼻子灰，她知道局勢已定，沒什麼好說的了。

你或許也曾有類似艾莉莎的經驗，一旦試圖反映問題，就會有一堆人要你別想那麼

譯注① 也稱團體盲思或集體錯覺。指決策過程中，成員傾向觀點與團體一致，因而缺乏不同的思考角度，不能進行客觀分析。團體迷思可能導致團體做出不合理，甚至是很糟的決定。

譯注② creative tension。指客觀現實與願景之間存在一定的差距，這會形成一種創造力，把人們朝願景拉動。

多、吃些好吃的食物、辦場歡樂的辦公室派對，或是使出「煤氣燈效應」[3]，唬弄你說事情不是你想的那樣，這也是諸多企業、公司為什麼無法繼續成長的原因。人們害怕太常負向思考會毀了社會，但無法看見和面對問題的公司將難以前進。所以，想有所改變和進步，一定得要先願意看到哪裡出錯或何處有所不足。

如何避開職場上的有毒正能量

有毒正能量無法營造出真正健康的職場文化，員工與公司的情感連結才是成就優質工作環境的關鍵。良好的情緒連結不僅讓員工身心舒暢，還能促進創意與提升業績。當員工與公司有情感連結，便會覺得自己獲得支持、被尊重、有價值感、有安全感。蓋洛普民調發現，情感連結比任何福利還要能預測員工的幸福感，而且對員工而言，工作環境的幸福感比物質上的利益重要。

若你希望讓自己的團隊成員有參與感，不妨試試以下幾個方法：

- **真誠關心員工的生活。**讓員工感覺比起他們對公司的貢獻，你更關心他們自身。
- **對遭遇困難的員工展現同理心。**大腦研究結果顯示，員工回想起主管的不同理時，與逃避和負向情緒有關的腦部區域活化程度會增加；相對地，回想起有同理心的主管時，該區域的活化程度會下降。

- **強調工作的意義與重要性。**人們自覺與任務有連結的狀態下，會有較好的表現。
- **以尊重、感激、信任及正直的態度對待員工與同僚。**
- **讓員工知道主管隨時歡迎他們述說遇到的困難。**艾美・艾德蒙森（Amy Edmondson）於哈佛進行的研究結果指出，謙遜、容易親近，且鼓勵員工有話要說及尋求協助的主管，能提升員工的學習與工作表現。
- **不吝對員工和同僚伸出援手。**紐約大學的倫理領導學教授強納森・海德特（Jonathan Haidt）發現，當主管處事公平且願意自我犧牲時，員工對公司的忠誠度與認同感皆會提升。

譯注③ Gaslighting。為了不道德的理由長期操弄他人想法的行為。對方會不斷質疑你對現實的看法，到後來會連你都開始懷疑自己。

■ **釐清負向思考與解決問題的差異。**試圖指出工作環境的問題及提出新點子的人，與單純抱怨咖啡味道的人是很不同的。

打造健康的工作環境其實簡單又便宜，不需要嘩眾取寵的傢俱、乒乓球桌，也不需要每天下午推著飲料車滿場跑，只要當個有人性的主管並關心員工就行。好好傾聽員工的心聲，營造開放溝通的氛圍，一切自然水到渠成。

你得癌症了，笑一個吧！

我第一次接觸到有毒正能量，是在醫院裡。一位與我相當親近的家族成員因久病而失能，多年來辛苦地進出醫院。我在研究所實習時及畢業後，也有段時間是與癌症兒童或成人工作。如今，我以私人執業的形式與久病成人患者一起工作。起初，我還不太能釐清那究竟是怎麼回事，只知道醫院裡的一切看起來都很詭異，四處點綴著粉紅色的緞帶及「早日康復」的布條，每個支持團體都圍繞著正面積極的想法打轉。說真的，我覺得很煩，但我選擇與其他人一樣隨波逐流，天真地以為這樣做才能令人感覺好一點，直到我再也按捺不住，開始大肆研讀正向思考及其效益的相關資料。

結果發現，我不是唯一一個被正能量惹毛的人。

我在醫院裡看到的有毒正能量多得不勝枚舉，從醫師、醫護人員到慢性病病患團體，案例多到可以塞滿這本書。但最令我印象深刻的，是亞歷克斯（Alex）的故事。

亞歷克斯是名罹患侵襲性癌症的十三歲男孩。在他確診之後不久，我就開始與他和他的母親接觸。亞歷克斯的母親是位單親媽媽，投注極大心思在兒子及其健康上。當醫生表示沒把握亞歷克斯還能活多久時，對如此年輕的孩子而言，悲劇根本不足以形容這一切。亞歷克斯的母親向來是個「凡事往好處想」的人，她拒絕使用「癌症」來指稱兒子的疾病，而是以「它」來代替。每次亞歷克斯想討論生病的事，她就成了極度樂天派，要他想開一點、他一定會戰勝病魔，接著將話題轉移到讓人比較開心的電視節目，不然就是閒聊外頭的天氣等等。只要我們談及亞歷克斯的檢查結果，她一定會在最後補上：「但我們懷抱著希望，相信一切都可以克服！」然後用痛苦的笑容看著孩子，彷彿在尋求他的認同。她顯然處於極大的痛苦之中，卻用否認來掩飾一切。

幾個月過去，亞歷克斯的病情惡化，他母親的樂觀程度也跟著增加。亞歷克斯完全無法和她談論自己的狀況，母子間的關係也因此開始變得緊張，他不得不在住院治療期間戴上勇敢的面具。在與我晤談的過程中，他提到自己開始對於「要表現出快樂的模樣」

覺得很有壓力。我們一起討論他的恐懼，並處理他的哀傷。我真心盼望他的母親能陪他走過這一切，但我也知道為了面對兒子的死亡，她已經盡力了。她做了社會上認為有所助益的嘗試：往好處想、顯化好結果、監控並剔除每個負面想法。然而與此同時，亞歷克斯只覺得一切都很可怕，只有孤單與他為伍。

亞歷克斯終究還是走了，這是多數癌症患者逃脫不了的結局，這不是他的錯，再多的正向思考或顯化都無法改變這個結果。他的母親也如身在此種處境的其他父母般，震驚且崩潰。說真的，有部分的我認為，那無可救藥的樂觀剝奪了她陪兒子走最後一程及處理失落的機會。她把心力都花在往好處看、渴望顯化出不同的結果，卻忽略了還活生生在眼前的兒子。這一切也令亞歷克斯在人生將盡的那段時光裡，覺得更加困頓。他其實嚇壞了，卻不想讓母親以為他已經放棄希望。

把時間心力用來陪伴兒子走過最後一段時光，也許不會改變失去孩子的傷痛，但比起不停想用正向思考來達成不切實際的盼望，最後卻只換來落空的失望，還不如多花些時間好好與孩子共度，失去後的傷慟也或許能少那麼一些。如今，任何正向思考都無法抹滅這份錐心之痛。

奇蹟之藥

曾幾何時，社會上出現一種對於身心健康的新論述：只要吃對食物、好好運動、保持正向思考、冥想、喝定量的水，就永遠不會生病。只要沒病就是健康，而且這一切都是由「心」而起。這說法容易令人誤以為只有生活優渥、身體健全的人才能擁有幸福，且幸福與否的責任完全在個人身上。換句話說，只有成天想著如何為幸福努力、如何才能贏得幸福、如何成為配得上幸福的人，才能擁有幸福。令人好奇的是，負面想法或情緒是如何導致疾病的呢？

眾人皆知心靈與身體息息相關，研究也證實過多壓力會造成免疫力下降、增加罹患疾病的風險。在維持正常血壓及減少其他心血管疾病時，正向思考與情緒扮演著很重要的角色。罹患身體疾病的人若能經驗較多正向情緒，對其復原和存活率皆有所助益。毫無疑問的，較快樂的人比較能維持健康，或從疾病中康復，因此正面積極的心態確實有助於面對生病帶來的挑戰，但就此宣稱正向思考能治療疾病，不僅過於誇大也缺乏證據。正向思考或許有益於疾病調適，卻不是解藥，更不能說負向思考是生病的元兇。

有毒正能量在醫院體系裡可說極其泛濫，甚至影響患者如何選擇治療方法、專業人員如何治療患者，以及大家用什麼態度看待與討論疾病。過度樂觀的人可能會因為太有自信一切會好轉而忘記買保險；奉行吸引力法則的人可能避開會誠實反映病程的醫師或療程，結果病情就此惡化甚至死亡；不想與「負能量」為伍的人可能會不願意探視或接近正因病痛所苦的人，深怕自己也會沾染負能量或因此生病。醫療系統中的有毒正能量會讓人感到孤立無援、遭到誤解以及身陷險境。

有毒正能量最常存在於醫療保健中的三大重要族群：醫療提供者、患者、一般大眾。大部分醫療從業人員都希望能幫上忙，但帶著有毒正能量的醫療提供者不只幫不上忙，更可能造成傷害，這在亞歷克斯身上已獲得印證。

典型的模式是這樣的：新進醫師接到病患後，因為太想幫忙而說出許多可能根本做不到的保證，但他們對於這種「我能讓你變好」的承諾興奮不已，約診、照X光、抽血檢查樣樣都來，殷殷企盼能有所突破。但有時候，事情就是不如預期，於是樂觀積極的表情開始崩垮，患者的心也跟著碎成片片。對於這種信心滿滿的醫生，我遇過的許多患者都直接選擇不去相信，免得又期待落空，因為實在禁不起任何打擊了。

不管是何種病症，醫療專業人員常把保持正向積極的態度當成處方箋在用，例如：「要保持樂觀啊，你一定可以撐過去的。」或是在手術前安慰患者：「什麼都不用擔心。」這些立意良善的話語本質上是鼓勵，卻往往讓患者覺得沒有人瞭解自己真正的感覺。醫療專業人員推崇有毒正能量的另一個原因可能是：正向樂觀的患者比較不會無止盡地要求及抱怨。這會讓他們的工作容易許多，卻可能導致患者無法客觀現實地看待自身病情。許多學者認為，在醫療照護體系中濫用有毒正能量是不道德且危險的，畢竟過於自信的推斷不僅缺乏對患者的同理，還可能導致患者因誤判自身狀況而做出錯誤決定。

有毒正能量在患者間也很猖獗，患者會互相責怪不夠努力對抗疾病，並因此覺得丟臉。此外，他們還會不停要求自己表現出堅強正向的模樣。社群媒體上充斥著人們靠正能量治療疾病的現身說法，任何加以否定或質疑的說法皆被視為「負能量」。在與個案工作的過程中，我注意到外觀看不出生病或殘疾的病患，會害怕表現出太過正向的模樣，因為這樣人們就不會相信他們生病；但他們也很怕負向過頭，因為這會顯得他們不夠堅強或不夠努力。無論從哪個角度來看，這都是一場注定兩敗俱傷的遊戲。

我們談論疾病的方式也會受到有毒正能量的影響。以癌症為例，我們會說某人在「對抗」疾病，一旦「戰勝」疾病就成為英雄，如果「抗病失敗」則表示還不夠努力。人們總把得靠輪椅行動或其他類型的身障人士視為激勵人心或激發動力的主角，甚至為「抗病鬥士」舉辦華而不實的活動與遊行，頒獎給成功走過來的人。但是鮮少有人去瞭解他們經歷的症狀、昂貴的醫療費、過程中的孤立與孤寂。我們發瘋似地尋找各種事物的正向面，努力用笑容抹殺疾病的存在。

事實是，美國本土有將近一・三三億人患有無法治療且持續惡化的慢性病，還有六千一百萬名殘障人士。這些人可能終其一生都與主流價值觀所認定的健康無緣，但又永遠不可能「好轉」。所以，是因為他們充滿負向思考嗎？還是他們不夠努力？又或者是他們顯化了這一切？當然不是！

幸福感比正向思考重要

研究結果顯示，樂觀與低死亡率、良好的身體健康、較快的康復速度以及免疫系統功能的提升有關。但不能據此推論是快樂帶來健康，因為從這些研究並無法看出因果關係。也就是說，比較快樂的人可能正好有較佳的免疫系統，所以少生病，情緒也就比較好；相對地，生病的人苦於病痛折磨，自然不會有太多正向感受。我們根本無從得知人們是因為沒有病痛而開心，還是因為過得快樂而比較不會生病。

壓力確實對健康有不良影響，但也不代表一味正向思考與樂觀就能身心健康。事實上，再怎麼樂觀的人都可能會生病、死亡；一個萬般消極、拒吃蔬菜的人可能比誰都長命百歲。壓力管理與提升幸福感無法為健康掛保證，畢竟影響健康的因素成千上百種，保持健康的方法更不可能化約為一個簡單的公式。

當我們陷入不愉快、不受歡迎的、具毀滅性的心態時，正向思考可以注入正向的感受，幫我們度過難關。但若希望正向思考的力量能順利發揮，還得先滿足許多條件才行。

若想將有毒正能量從醫療體系徹底根除，首先得將注意力從正向思考移開，去看幸福感（well-being）的廣泛定義。幸福感是指個體覺得自己過得好不好，通常涉及自我知覺的健康狀況及健康行為、長壽、社會聯結、生產力、復原力強、罹病或低受傷風險。與幸福感有關的研究也說明了，健康可分很多面向，不是沒生病就叫做健康。

滿足了某些條件，我們就會產生幸福感，並能尋找生命的意義、滿足自己的需求及適應環境。幸福感的基本要素是要有好的生活環境、好的住處及好的工作。因此比起把正向思考當成治病良藥，我們更需要有足以維生的收入、住所、安全的社會、有意義的關係、食品安全及醫療保健。有了這些，才有心力去調整思考模式。健康不是心裡想想就行，它實實在在存於社會，唯有眾多需求俱足，才能好好發展及建立屬於每個人的健康生活。

負能量退散大神降臨

人們信奉有毒正能量已行之有年。第一章談到喀爾文教派及其悲觀主義的趨勢，當時的宗教多半認為人生來有罪，因此需要被救贖。大量下地獄的故事造成人民恐懼，物極必反的結果造就了「負能量退散大神」的出現。這位大神希望你既有錢又開心，祂相信愛能拯救一切，且透過祂的力量，任何事都能達成。在負能量退散大神的聖殿裡，會有所懷疑和焦慮都是因為失去信心，但透過禱告就可去除所有不想要的事物，連心理疾病也能不藥而癒。哦！對了，負能量退散大神還認為凡事之所以發生，皆有其原因。

從沒做過心理諮商的麗茲（Liz）是名大學生，為了長達一年的失眠、思緒無法平靜、難以集中注意力等問題而求助。某個星期二下午，她來到我的晤談室，坐立不安地一邊玩弄著鑰匙圈一邊說道：「我好緊張，爸媽如果知道我來這裡，肯定會殺了我。」我試著透過詢問一些基本問題來安撫她，費了好一番功夫，她終於比較放鬆地坐在沙發上。

「為什麼妳覺得爸媽會因為妳來這裡而生氣？」我問。

她停頓片刻後說：「他們覺得我太小題大作，認為一切都是因為我對教會的信心不足。他們希望我多禱告、多跟其他信眾互動。我媽老是說：『麗茲，上帝不會給妳超出妳能力的挑戰』，可是我覺得自己已經不行了，我辦不到。」

對於無法藉由信仰克服難關，麗茲充滿罪惡感，不明白何以她會如此痛苦。我懷疑她有些事情還沒告訴我，而且正是那些事在影響她的信心。我們花了幾個星期談論上帝以及她和信仰的關係，也聊到教堂和聖經的研究與信仰，麗茲覺得信仰給她許多正面協助，像是在艱困時刻帶來希望，信眾們也如同家人般。終於，某個下午她對我說，她覺得自己是同性戀。「我就是覺得自己好像做錯了什麼，也許是我還不夠努力？但我實在無法撇開這些感覺。」

麗茲一直為廣泛性焦慮症（generalized anxiety disorder）所苦，而且害怕探索自己的性向。她的焦慮症狀對生活各個層面都造成相當大的影響。禱告與信仰或許可以協助她因應焦慮，卻無法「治好」焦慮。麗茲也開始接受禱告並無法改變什麼的事實，倘若自己真的是同性戀，她也無意改變自己的性傾向。

隨著我們一次又一次地晤談，麗茲終於鼓起勇氣讓父母知道她在做心理諮商，也開始思考如何讓父母更瞭解她。在諮商期間，麗茲重拾對上帝的信心，持續地上教堂，甚至比以往更常禱告，但她也會在必要的時候引進其他資源來協助自己，例如心理諮商、藥物，以及從「接受與承諾治療」（Acceptance and Commitment Therapy, ACT）手冊中所學到的技巧。她禱告的內容逐漸有了變化，不再是希望自己能改變或希望有人可以治好她，而是希望自己能更懂得接納、愛與堅強。透過接納自己原本的模樣，麗茲終於能將信仰重新整合到自己的生命裡。

上帝希望你快樂

宗教和靈性是文化脈絡的一部分，兩者存在已久，對我們的心理健康有著深遠影響。無所不在的宗教總是與罪惡、死亡及地獄脫離不了關係，令人感到害怕。也因此，許多宗教利用恐懼、罪疚、灌注希望來鼓勵人們謹守戒律，未來才有機會脫離苦海。遺憾的是，倡導這類教義的宗教最後多半會帶給人們負面影響，喀爾文教派就是最好的例子。

研究發現罪疚感只會帶來傷害，不利於人與人之間的連結。以恐懼為基礎的教派，長久下來只會讓人們厭倦強調各種戒律的傳統。近代的宗教發展觀察到這種現象，知道透過恐懼推動宗教並不可行，但他們需要找到新的方法來凝聚人們，讓大家為宗教瘋狂，於是「負能量退散之神」就此誕生。

時至今日，許多大受歡迎的傳教士都是正向思考的信徒，熱衷於宣揚「信我者得財富、成就與健康」。他們認為只要充分展現自己的信念，就能得到一切，因此以各種方式傳遞著同樣的訊息：「負能量是惡魔的化身。」

身為電視福音牧師的羅伯特・舒樂（Robert Schuller）一直到二〇一五年逝世前都不斷強調：「千萬不要把負面情緒化為語言說出來。」另一位同樣常出現在電視節目的聖經講師喬依絲・邁爾（Joyce Meyer）亦認為態度決定人生，並說：「保持正面積極的態度是最重要的，因為上帝是正能量的化身。」這些正向的宗教團體篤信事出必有因，所有事情都是上帝的安排，保持信念就不須擔心，上帝會保佑你健康、快樂及富有。如果你在這三個層面還有所不足，只要改變想法就好。

隨著傳統宗教信仰勢微，新時代靈修逐漸當道。皮尤研究中心（Pew Research Center）於二〇一九年發表的調查結果裡提到，自認為是基督教徒的美國人，在過去十年間下降了一二％；與此同時，自述為無神論者、未知論者或無信仰者的人數，則上升了九％。除此之外，人們參與宗教活動的比例也跟著下降，五四％的美國人表示，一年只會參加幾次宗教活動或是根本不參加。許多人更離開傳統宗教，投入靈修。不幸的是，近代靈修的發展也越來越被顧客主義和正向思考占據。

靈修領域裡的有毒正能量常被稱為「靈性逃避」（spiritual bypassing）。這個名詞是由心理學家約翰・威爾伍德（John Welwood）提出，意指「以靈性及靈修之名，避不處理個人及情緒上的痛苦，也不面對不穩定的自我，更忽視基本需求、感受及成長過程中需面對的事物」。威爾伍德發現許多人利用靈性修煉來逃避痛苦的情緒和經驗。現今世界上眾多靈性修煉和靈修團體提供無數可創造「無限」幸福的方法，只要透過這些方法便能顯化所有想要的東西，而且完全不用理會過程中可能會遇到什麼樣的阻礙。

心理健康與宗教是好朋友

麗茲的心理健康及性傾向問題讓她極其痛苦。對她而言，宗教既是撫慰也是負擔，帶來救贖的同時也引發罪疚感。對麗茲來說，心理治療與宗教信仰不能並行，因為她難以想像自己如何能一邊相信上帝，一邊認同自己的性傾向，又同時求助經科學驗證的治療方法。

研究發現，有宗教信仰者較不容易深陷憂鬱情緒。但這不代表有宗教信仰的人都不會生病或是隨時隨地都很開心，而是對於某些遭逢不幸的人而言，宗教信仰能在他們面對困難時給予支持及幫助。參與相同信仰的人們所形成的團體，能讓思想相近的人互動，有助於促進身心健康，對宗教的虔信，亦能於困頓之時帶來希望與樂觀。

人們在充滿接納、信心、理解的宗教團體裡獲益良多，若想消除宗教裡的有毒正能量，就得正視我們真正需要、真正想要從宗教裡獲得的東西：切合實際的希望、可提供支持的團體，以及貼近現實瞭解生存所需，而不是一味要求我們追求更好的自己、更好的生活、更高的幸福感。

科學證實，正向思考有效？

科學與心理學研究也對有毒正能量起了推波助瀾的效果。想當年，達爾文的演化論以迅雷不及掩耳的速度取代宗教，成為社會上的新權威。許多學者以所謂的「科學研究」證明物種確實有優劣之分，像是開朗的性格與良好的情緒管理是較為優越的表現。在這些科學研究中，甚至有人刻意對酒精成癮及結核病患者隱瞞病情，只為了透過他們的復原力來證實物競天擇與適者生存的理論。

如今回顧這些「科學研究」其實挺駭然的，但畢竟都由當時的專家進行，因此他們的意見、假設與驗證有著崇高的地位。再加上研究結果導向提升幸福生活，因而更被發揚光大。以優生學為例，其研究者與支持者認為，只要除去弱點與缺陷，個體就能擁有快樂的人生、追求更高的成就，這正是許多人夢寐以求的。

時至今日，科學研究結果仍是最可靠的資訊來源之一，雖然引入優生學的概念後，確實有許多狀況變得不同。然而，當我們回顧有毒正能量在過去這世紀如何茁壯時，勢必得探討科學證據如何促使人們相信，保持正向是通往快樂的金鑰匙。

還記得第一章提到的托莉嗎？她就是個活生生的例子。托莉打從心底信任科學證據與研究宣稱有用的做法，竭盡一切努力嘗試，渴望換得美好的生活，卻始終不得其門而入。到最後，她開始覺得自己很丟臉、很沒用。在諮商過程中，我們會討論那些研究，試著看到它們的限制、發覺其結果並不能套用在所有人身上，因為還要考慮很多可能的情境（我在本書引用的各項研究亦是如此）。

換句話說，科學研究結果並非真理，也會有出錯的時候。因此將其應用至生活中，需要極其謹慎與小心，不可一股腦兒就全盤相信。希望各位閱讀本書或其他經實證研究能促進健康的技巧時，也抱持相同的態度。

研究有其存在必要，也往往能帶來極大助益，但歷史同樣告訴我們，以錯誤的方式套用科學研究結果又不願變通，甚至將其視為追求幸福的唯一準繩，可就盡信書不如無書了。

想一想

花點時間思考在以下場域裡接觸的正能量，以及它們對你造成什麼影響？

① 你工作的地方如何推動正向思考？它曾被用來逃避更大的問題嗎？有哪些因素能讓你的工作環境變得更積極正向？

② 你是否曾遇過醫療專業人員鼓勵你要正向樂觀？這對你或你所愛之人的復原過程有什麼影響？

③ 你與宗教或靈性的關係如何？在你的信仰中，正向思考是不可或缺的嗎？在你所參與的宗教或靈性團體裡，領導人會如何形塑這些信仰？

“這讓你學到那麼多，
你應該要開心啊！

Be happy for all it taught you.”

你可以感謝每件事所帶來的教訓與學習，
但依然保有「真希望一切都沒發生過」的想法。

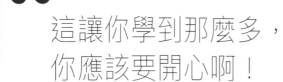

chapter 03

失控的正向思考

沒有恰當使用正能量的話，反而會帶來害處。本章將列出十一種應該審慎使用正向思考的情境。

一、不孕與流產

安妮（Annie）大學畢業後就開始與我諮商，她首度懷孕七周卻流產後又來找我進行心理治療，之後又經歷數次流產，如今苦於不孕的問題。安妮過著非常符合社會期待的生活，因此她開始抱怨自己「明明每件事都做對卻還是遭到懲罰」。

「我考上大學、拿到文憑，從沒被逮捕過，也不吸毒，第一次流產後連酒都戒了。我有一份工作，還照顧我的丈夫。我到底做錯了什麼，需要承受這一切？」在我的諮商工作中，很常聽到與安妮類似的想法。這是一種公正世界謬誤的認知偏差（just-world bias），假定世界是公平公正的、事出必有因、善有善報、惡有惡報。此信念會讓我們自以為能掌控生活中的一切，並試著尋找理由來合理化無法解釋的事件。以安妮為例，她想不透為什麼壞事會發生在像她這樣的好人身上。

身邊的人也給安妮許多立意良善但毫無幫助的建議，她最常聽到的鼓勵就是：

- 妳想要的孩子會來到妳生命裡的。
- 上帝只會給妳承擔得起的挑戰。
- 家庭可以透過很多種形式組成。
- 保持正向，孩子就會來報到；妳越有壓力，事情越不會如願。

安妮知道這些人只是想幫忙，但這些正面積極的話語和鼓勵除了讓她有種不被理解的孤單，也越來越不敢分享自己的感受。

她好希望身旁的人能瞭解，對她來說，因流產而失去的每個孩子她都想要，卻沒半個與她商量就統統離她而去；她真不明白，世上哪位神明會用這種方式測試她，或是要求她感覺這些痛苦；她知道家庭可以有很多種樣貌，也為選擇不同家庭形態的人高興，更從不評價領養或尋找代理孕母的人，但她就是想要懷孕，想親自感受那段過程，而她有權為自己無法體驗這一切而失落與傷心；我知道安妮也很希望自己的心態能保持正面積極，因為她在晤談過程中不斷試圖為自己的每次失落、每次回診、每次的懷孕計畫找出正向意義，更不用說每位醫師都叮嚀她，過多壓力與負面思考會阻礙受孕。也因此，每次流產後她都責怪自己不夠正面積極，然後發誓下次絕對要做好壓力管理。

她自始至終都致力往好處想，直到她再起不能。

在晤談過程中，安妮道出經歷無數約診、新療法卻又不斷失去孩子的過程中，最希望身邊的人做些什麼、說些什麼：

- 「妳一定很痛苦／辛苦。」
- 「妳想多說一些嗎？我願意聽妳說。」
- 「我帶妳去吃晚餐吧！」
- 在重要的約診前或看診後傳訊息來關心。
- 如果她沒有馬上回應，請不要放在心上，不是他們的問題。
- 「這是很重大的失落，妳覺得難過是合理的。」
- 「我知道這是妳想要的，我會陪妳走過這一切。」

二、哀慟與失落

某個星期二早晨，費南德斯（Fernandez）一家人前來進行緊急諮商，因為他們二十三歲的兒子於周末的划船事故中不幸遇難。家族裡的每個人都用各自的方式表達哀傷。正值青春期的妹妹不安地坐在椅子上，沉默地環顧諮商室。母親不發一語地盯著地板；父親無法控制地掩面哭泣，身體隨著每次抽泣顫動；弟弟挨在父親身邊，拍著他的背，試圖安慰他。他們是如此沉痛，我只能看著他們。即使經歷過許多訓練、擁有許多資歷，此情此景依然震撼著我的心。

幾分鐘過去，等到父親的啜泣漸緩，我才開始這次的晤談。我一一詢問每個人的近況，並讓他們有足夠的時間分享及傾聽其他人的狀況。他們困惑活著到底有什麼意義、渴望為發生的事情找到答案，更不用說正承受著難以言喻的悲傷。接著，我們討論可以如何處理他們的哀慟，以及他們的社區裡有哪些資源可提供協助。妹妹說他們家並不是很虔誠的教徒，只有特定節日才會去當地的寺院，但現在開始考慮是否應該多去參拜。妹妹問：「那會有幫助嗎？」我知道他們希望我能提供一份指導手冊，幫助他們走過哀慟，卻也知道自己做不到。身為心理師，這是我最大的弱點。我得不斷提醒自己要與他們同在，並營造一個安全的空間讓他們能待在裡頭好好感覺一切，因為這世上根本沒有他們想要的指導手冊。

那位父親談及寺院裡的人試圖講一些話來鼓勵他們，像是：

- 「這一切都是神的安排。」
- 「他已經去到更好的地方了。」
- 「他不會想看到你傷心的。」
- 「你得為你的孩子堅強起來。」
- 「這是在告訴你，永遠要感謝自己所擁有的。」
- 「凡事之所以發生，皆有其原因。」

如同安妮，這位父親知道大家其實想幫忙，只是他無法理解為什麼帶走他的孩子會是神的安排；母親則不明白什麼叫做更好的地方？對孩子而言，還有哪裡會比跟家人一起待在邁阿密更好呢？

對他們來說，不管要學習什麼教訓，都不值得用孩子的生命來換，這怎麼想都不合理。接著我們討論到，如果能讓其他孩子看到父母如何經歷與面對這些痛苦，對孩子或許會有莫大幫助。我引導他們重新為「堅強」下定義，以及如何在這般沉慟的悲劇裡堅強起來。最後，他們全家人都表示，許多來自外界的鼓勵（即便是出於好意），其實仍會令他們感覺自己用錯的方式在哀悼。畢竟在某個晴空萬里的周日下午，他們突然與兒子天人永隔，錯愕與悲傷都來不及了，何來的正向意義？

費南德斯一家提及的那些鼓勵並非單一案例，許多正在經歷哀傷與失落的人們都聽過類似的話。

如果你身邊有人正因失落而哀傷，你想給予安慰或鼓勵的話，建議使用以下的態度與說法：

- 「很遺憾你遇到這樣的事，如果你需要找人談談，我很願意聽你說。」
- 用簡訊或電話關心他們。
- 如果他們還不想談論或不想接受幫助，請尊重他們的意願。
- 傾聽與同理他們的哀傷。
- 邀請他們說些關於逝者的事，讓他們有機會談論、分享回憶或曾有的故事。
- 「我不曉得該說些什麼才好，但你需要的時候我都會在。」

三、重大傷病與殘疾

我相信這世上大概沒有人會比慢性病患、身障者及有其他健康問題的人更常被鼓勵說「要樂觀」了吧！我的職業生涯皆是與此族群工作，但麥可（Michael）的故事始終烙印在我心裡。

麥可是位跨性別男性，同時患有多種心理和身體疾病。他從十二歲開始出現許多難以理解的症狀，而他的家人、朋友、同儕、醫療人員都不斷告訴他，一切都是因為他想太多。

為了避免症狀過於嚴重導致他無法出門，我和麥可進行線上諮商。在這回晤談裡，我透過鏡頭看見他躺在床上，可以想像今天他唯一能做的事就是諮商對話了。我們花了不少次晤談處理他的就醫情形、面對因長期疾病造成的孤離感，以及適應身體機能逐漸衰竭的生活。

麥可最近在一個替代療法的網路社群裡，領教到令人震撼的有毒正能量，並對此怒不可遏。由於知道我有多麼痛恨有毒的正能量，因此我們在這個議題上聊得非常開心，包括別人對他說了什麼、他覺得多麼不被理解、那些話根本幫不上一丁點兒忙等等。

身為罹患慢性病的跨性別男性，麥可曾經很努力地研究與瞭解自己的狀況，因此對那些站著說話不腰疼的語言早就習以為常，但踏上這段自我探索之旅的初期，那些話其實非常傷人。

他歸納出最糟糕的幾個例子如下：

- 「但是，你還能做到很多事啊！」
- 「如果你想戰勝病魔，得先維持良好的心態。」
- 「我朋友也遇過這種狀況，他已經好多了，相信你也可以！」
- 「天啊，這一切都在提醒你生命有多麼可貴，我們都該感恩自己擁有的。」
- 「你好勇敢！」
- 「要不要試試瑜伽或健康蔬果汁？這些都曾經幫了我很多呢！」
- 「你看起來棒透了，一點都不像生病啊！」

試著去看自己能做到的事並為此感恩，不失為一件好事，這點我和麥可都同意，但我們也認為強調此事的同時，其實忽略了疾病所造成的痛苦與失落。麥可覺得，對病患說他們一定會好起來，或是因為自己的朋友曾試過何種療法就鼓勵對方也去試試，還認為肯定有效等等，都是很危險的做法。這點我也同意。我在前來諮商的慢性病患身上看到太多類似的例子，人們多半是出於好意給出醫療忠告或建議，卻可能造成危險或讓患者產生錯誤期待。

至於「如果你想戰勝病魔，得先維持良好的心態」可說是最常聽到的一句話。我們都因為覺得這句很諷刺而笑個不停。流產的安妮因篤信公正世界謬誤，認為正向思考就能帶來正向結果，例如好人應該長命百歲之類的。事實是，麥可原本是個笑臉常開、樂觀正向的人，但隨著健康每況愈下，他也漸漸失去對生命的熱情，只能眼睜睜看著世界即使沒有他，依然不停轉動。

麥可在這個線上社群體驗到的一切，也是許多慢性病患和身障人士所感受到的。不幸的是，過度強調正向思考會在醫療體系中造成譴責與羞辱患者的情形。因為這暗喻著：夠努力、抱持正向心態的人才能奪回健康，負向消極的人注定會輸個精光。

我們都明白事實並非如此，對麥可而言，他很希望人們可以改用以下說法：

- 「我會支持你。」
- 「我相信你。」
- 「如果對你有幫助的話，我可以陪你一起去看醫生。」
- 「我針對你的診斷找了些資料，發現……」
- 「今天狀況有什麼變化嗎？」
- 「不管發生什麼事，我都會在你身邊。」
- 「你才是最瞭解自己身體的人。」

四、親密關係、分手或離婚

五十四歲的佩德洛（Pedro）近期終於結束二十年的婚姻。狀況好的時候，他與伴侶之間充滿快樂與激情；狀況差的時候，伴侶對他會有許多在我看來非常糟糕的言語暴力與攻擊。佩德洛其實掙扎過要不要離婚，但出生古巴天主教家庭的他，也承受許多來自家人的壓力。我們曾試著進行幾次伴侶諮商，但他的伴侶對於自己的劣行毫無認錯與悔改之意。我對佩德洛說，以他們當前的關係狀態來進行伴侶諮商，可能沒什麼效果，甚至很危險。因此佩德洛決定改為進行個別諮商，他的伴侶也樂得開心。

佩德洛對於承諾、婚姻及愛情有許多根深柢固的信念。每當他與家人或朋友分享自己對離婚的感覺時，他們的反應都會更加增強他的信念。

在他決定訴諸離婚前，身旁的人總會對他說出這些話：

- 「對的人永遠不會離開你或傷害你。」
- 「至少你還有伴。」
- 「愛是一種犧牲。」
- 「還有人過得比你糟！你該感謝他為你所做的一切！」

■「你所需要的就是愛，愛會帶你走過這一切。」

這些話語讓佩德洛困惑自己在關係裡承受的言語暴力，彷彿自己不應該那麼在意伴侶說出口的那些話。於是，他對自己經歷與感受到的一切充滿不確定，也導致他困在極度不快樂且經常受到貶抑的關係裡。

離婚後佩德洛恢復單身，並繼續透過諮商處理這段親密關係的結束，以及隨之而來的失落。他發現離婚後，身邊開始出現不同的壓力。因為人們期待他能往好處想並趕快好起來。

大家會說：

■「你要先愛自己，別人才會愛你。」

■「享受單身吧！我要是能再次擁有這樣的自由，肯定會開心得要命。」

■「這是你想要的啊！」

■「大家都喜歡樂觀開朗的人，保持正面積極的心情有助於找到對的人。」

他明明才剛結束一場比賽，這一切卻讓佩德洛覺得人們要求他馬上進入下一場比賽。不久前大家還要他好好忍耐充滿虐待的關係，現在卻要他成為最佳單身漢，但他還在哀悼逝去的關係，還是覺得寂寞、覺得眼前充滿未知數。

飽受親密關係之苦的人最常面對的有毒正能量就是如此。不管實際狀況有多難熬，人們都被要求樂於享受關係，也樂於享受單身。童話般的愛情神話恆存於世，人們之所以單身都是因為他們很悲慘或不夠努力。但事實是，關係之所以結束是因為愛已消磨殆盡，而不是命中注定或不夠努力。把關係的結束歸咎於當事人不夠努力，會讓在關係中飽受凌虐的人不敢出聲，也讓大家覺得單身是很糟糕的事，應該極力避免。

曾在受虐關係中走過一遭的佩德洛表示，他很希望聽到身邊的人能對他這樣說：

- 「我相信你。」
- 「經過這麼多年，突然只剩自己一人，想必很孤單吧！」
- 邀請他一起做某些事或是關心他。
- 「關係是很複雜的，我相信你已經盡力做出對自己最好的決定。」
- 「我愛你。」
- 「單身與否都不影響你的價值。」

五、家庭問題與家族關係疏離

有一種個案只在危急時刻才會跑來做心理治療，瑪姬（Maggie）就是其中之一。我們的治療關係其實已經維持好幾年了，只是她通常只在家裡出問題時才會來諮商。談個幾次，她就會因為比較踏實、重拾自我價值感而打算暫停諮商。我試著鼓勵她繼續來談，以便能更深入地探討她的議題，但往往得等上好幾個月才會收到她的消息。

某天下午，瑪姬捎來一封驚慌不已的電子信件，因為她的母親傳了一封「令人不安的信」。她不知道該怎麼回應才好，所以想預約一次諮商，我便與她約定隔周晤談。母親的酗酒問題、大吼大叫、永無止盡的批評、毫無責任感等情形，一直是瑪姬要面對的課題。還不認識丈夫的家人前，她以為全天下的母親都是這副德行。我們開始討論如何設立與母親之間的界線、如何不將母親的問題行為正常化，以及如何表達她自身的需求，瑪姬也漸漸有所突破和進步。但每隔一段時間，母親就會再次侵犯瑪姬的界線，並控訴一些她根本沒有參與的事情。這星期，母親來信指控瑪姬是個盜領她金錢的自私鬼。儘管瑪姬極力維持與母親之間的界線，母親的控訴仍會令她受傷並回想起童年的創傷經驗，但她仍努力告訴自己先停下片刻，待情緒平緩下來後再回應。

多年來，與母親斷絕關係的念頭不停地在瑪姬腦海中盤旋。然而，每次她打算真的要這樣做時，其他家人總會跳出來反對。

他們用以下這些有毒的正向話語對付她：

- 「家人就是一切。」
- 「她沒有那麼糟。」
- 「我就永遠不會與我媽斷絕關係！我愛她。」
- 「親情血濃於水。」
- 「妳應該感謝母親為妳所做的一切，她已經盡力了。」

其他人總是要瑪姬去看母親做得好的地方，並希望她能再多體諒一點；有些人甚至不認為母親對待瑪姬的方式有問題，這令瑪姬感到被孤立、被誤解，彷彿一切都是她太小題大作。

許多家庭都有類似情形。我們期待自己能被家人好好對待、能獲得家人的愛，但有時現實是殘酷的。在這樣的狀況下，承受傷害的一方還要被迫往正面看、接受那些令自己受傷的行為，只因為「再怎麼說，都是一家人」，卻沒顧及這會令人再次受創、更加孤立無援。我相信以瑪姬的狀況來講，如果有更多外界力量支持她、鼓勵她，她應該能更快認清自己確實遭受不當對待，拉起與母親之間的界線。

以下是她一直以來很想聽到的話語：

- 「要做出這個決定，想必要經過好一番掙扎吧！」
- 「我相信妳會為自己做出最好的打算。」
- 「我支持妳的決定。」
- 「我絕不會評價妳的決定。」
- 「如果妳需要找人聊聊，我很樂意陪妳。」

六、工作上的困境或失業

晨間八點三十分許，仲夏的陽光自窗戶灑入，艾莉莎與我在諮商室裡展開晤談。她向來都得將諮商時間安排在上班前，免得最後總會因為工作來不及赴約而取消晤談。這天，她以略微不同於以往的語氣說出想辭職的念頭，我沉默未答，無言的寧靜瀰漫在我們之間，籠罩著整間晤談室。片刻之後，她再度開口：「我真的無法再這樣下去了。」

還記得艾莉莎曾對主管提到失眠與壓力過大的問題嗎？當時主管的反應是：「妳該感謝自己有這份工作，外頭可是有一堆人擠破頭想進來。」在公司裡，每次艾莉莎想指出辦公室裡的問題或發洩情緒時，同事或長官都會給出這種有毒的正向回應。

她也經常聽到以下言論：

- 「正面積極的人才會成功。」
- 「妳要多努力一點。」
- 「態度決定妳成就的高度。」
- 「想站上金字塔尖端，一定要願意犧牲。」
- 「工作就是這樣啊！妳應該早就心知肚明。」

這些「金玉良言」除了好聽，沒有任何實質用途。即便是在深夜會議遞上甜甜圈、在已工作十四小時的聖誕節送上巧克力蠟燭，也都無濟於事。公司裡的人希望艾莉莎開心、保持正向、把工作做好，卻不願給她真正所需的支持或是讓她多睡幾個小時。

對艾莉莎和其他同樣過勞的同事來說，最希望聽到公司說出或做到這些事：

■「我知道你的困擾，也正準備著手找出解決的方案。」

■合理的工時與報酬，讓工作與生活能有所平衡。

■「最近工作上的麻煩事真的比較多，感謝你們的幫忙，等這個專案結束後，我一定會讓你們有機會好好休息。」

■「謝謝你們提出如此重要的問題，我們很重視每位員工的意見與感受，來好好思考如何解決這些問題吧！」

■減少派對和教育訓練，針對工作提供更多實際支持，像是帶薪假或設定合理的截止日期。

七、外表

前來諮商的女性個案裡，幾乎所有人都提到外表或身材的問題，莉亞（Leah）也是其中之一。自有記憶以來，莉亞就一直苦於自己的身體意象（body image）。她是個典型的溜溜球節食者（yo-yo dieter），常一頭栽進最新流行的節食或美容風潮裡，不惜一切代價想讓自己變得更好。節食可說完全掌控她的心靈，讓她難以享受完整且有意義的生活，更幾乎每個月都會增列一些不能吃的東西、不能再去的用餐地點。

莉亞也很習慣向身邊的人訴說她對外表及身材的擔憂，再透過別人的回饋來讓自己安心。事實上，許多女性都會這麼做，包括我在內。「天啊！我的屁股也太大了！」「我今天好難看，得想辦法處理一下。」藉由向別人鬼叫著自己有多糟，好促使別人講些肯定的話來讓自己好過一點，不僅是個惡性循環，更沒有實質效益。

每次莉亞向朋友或家人抱怨自己的體重或身材時，他們的回應通常是：

- 「妳完全沒有變胖啊！妳看起來超漂亮的！」
- 「如果妳真的有變胖，從外表也看不出來。」
- 「如果我有妳那種身材就好了！瞧瞧我的＿＿＿（請在此處放入任何不喜歡的身體部位）！」

這些「恭維」似的回饋，多半會繼續增強莉亞認為「瘦就是美」的信念。她的朋友千方百計想讓莉亞相信她依然擁有完美的外表，根本不需要擔心，他們的用意是好的，表達出來的內容卻反而讓莉亞更加相信變胖是不好的。

因此在晤談過程中，我們針對「身體中立」（body neutrality）的概念進行許多討論。

你或許曾聽過「身體自愛」（body positivity），但它往往也會演變為一種有毒的正能量，因此這兩者並不相同。「身體自愛」認為我們應該要「愛」自己的身體，並試著去欣賞身體各個部位的外形與優點；「身體中立」則只希望我們能平心靜氣地接受自己的身體，它長怎樣都不須嫌棄，也不須刻意讚美。有時候，我們可能會格外喜歡自己身體的某個地方或全部，也很可能哪天又突然覺得看自己身體不順眼，但不管哪種狀況，它依舊是我們的身體。遺憾的是，網路上雖然大力宣揚身體自愛運動及身體中立主義，依然有許多人被「瘦才是美」的價值觀所壓迫。我們無時無刻被節食文化所轟炸，這個價值數十億美元的產業，無所不用其極地讓我們對「變得健康或苗條」著迷到無法自拔。莉亞深受其害，我也常因此苦苦掙扎。或許，你也是如此。

比起只推崇特定的身材外表，我們更需要學習以中立、同理的角度看待自己和他人的身體。我和莉亞討論了許多不涉及體重和外觀的讚美方式，以及有人正在以有毒的正能量談論此類話題或是自我攻擊時，能如何轉移話題。

以下是我們在該次諮商過程中激盪出來的說法，大家不妨參考看看：

- 試著去讚美與外表、身材無關的部分，像是性格或成就。
- 如果有人正在貶抑自己的身材，可以直接為他畫下句點或轉移話題。

■ 試著去看你的身體「為你做了什麼」。例如「我今天徒步走完一條小路」，而不是「這趟健行好辛苦，消耗掉的熱量大概可以讓我今晚吃個起士漢堡吧？放縱一下如何？」這類一直把焦點放在消耗多少熱量或某項運動對身體有何幫助等話題。

■ 當你聽到有人在抱怨自己的身材或外表不夠好，不要急著給出任何讚美。試著改變話題或問問他們為什麼這樣想，或是試著說：「有時候，我也會很不滿意自己的外貌及身材，我正在努力克服這個問題。」這能帶來普通感，讓他們知道偶爾有這種感覺其實很正常，不需要一直用讚美來減少或掩蓋他們的自我攻擊。

■ 多多討論食物、熱量、節食及身材以外的話題，並試著觀察與感受當你的朋友或家人這麼做時，你有什麼感覺。

八、重大創傷事件

詹姆士（James）在星期日晚間發了一封有點神祕的電子信件給我，希望能瞭解更多心理治療的相關資訊。他在信件裡也清楚表明，不希望我認為他「生病了」或真的「需要」心理相關服務。我先撥了個電話進行初步諮詢，才得知他過去幾年來都過得很痛苦。

五年前，詹姆士還是個青少年時家中突然遭歹徒侵入搶劫，當時睡在他身旁的弟弟因此受了傷；自那時起，他就不斷經驗到創傷情境再現、失眠以及無法控制的侵入性思考。他在描述那段搶劫的回憶時，時常會表露出「這其實沒什麼」「他現在應該要沒事了」的反應，但很顯然地，他的整體功能與安全感皆受到莫大衝擊與影響。

搶劫事件發生後，詹姆士曾試著與朋友和父母聊聊，但他們總是告訴他一切都會過去。

或是說出類似這樣的話：

- 「哇！你好勇敢！」
- 「瞧瞧你因為這個經歷學到多少事情。」
- 「東西沒了再買就好，至少你們都活下來了。」
- 「事出必有因，你會克服這一切的。」

如同兒子喪生於划船事故的費南德斯一家，詹姆士難以理解為什麼這種事會發生在自己身上，他明明因此陷入嚴重的不安全感，卻還要去想自己從這些經驗裡得到什麼收穫？的確，對於全家人都生還，他無限感激，但如果可以，他會希望一切都沒發生過，弟弟沒有受到傷害，而他們的家依然是個安全的避風港。對詹姆士而言，他才十幾歲，他不想勇敢，他只想要當個孩子就好。

後來，我使用眼動身心重建法（Eye Movement Desensitization and Reprocessing, EMDR）協助詹姆士消除創傷情境的再現、找回安全感。在療程中，先請詹姆士看著一個水平移動的光點，並搭配聽覺與觸覺的刺激，接著專注於想像闖入家中的歹徒及事件過程，釐清與調節創傷所引發的負面情緒，減緩痛苦的感受。每次療程結束後，我們會花一些時間處理創傷後症狀對他的影響。

詹姆士提到，他很希望家人與朋友能在事發後給予更多支持：

- 比起說些他好勇敢之類的安慰，他更希望身邊的人能這麼做：
- 認同他的感覺，而不是試圖消除他的感覺。例如：「我明白你為什麼會害怕，因為那真的很可怕。」
- 陪他坐下來，好好聽聽他的感覺。
- 當他還沒準備好談論或不想提及事件細節時，尊重他的意願。
- 不要一直去探究為什麼會發生這種事，或是他能從中學到什麼，而是陪伴他、看看他的感受與衝擊。

■ 務必記得即使事情已經過去了，他依然深受影響。

九、懷孕與為人父母

懷孕生子、成為父母是很辛苦的，但願意公開談論養育孩子有多麼具挑戰性的人卻寥寥無幾。我撰寫此章節時適逢懷胎五月，經歷夠多衝著孕婦和擔任親職而來的有毒正能量。才剛分享懷孕的消息，就有各種意見、警告或要我感恩的聲音從四面八方湧入——包括家人、朋友、社群媒體、廣告等等。正如同許多懷孕婦女所經歷的，我也會抱怨噁心、疼痛，以及擔心皮膚擴張後可能會出現的妊娠紋。

但我總是收到如下這些堪稱經典的有毒正向回應：

■「享受懷孕過程中的每一刻吧！」
■「等著瞧，你會想念這段時光的。」
■「你應該感恩自己能生養小孩。」
■「每個孩子都是禮物。」

■「世界上很多人希望能體驗到這些感受，卻無法辦到。」

■「懷孕是件美好的事。」

說真的，每次我想要尋求認同或支持時，聽到這些回應都覺得很難過。我知道他們想幫忙，但他們說的話總是讓我很有罪惡感，開始覺得自己很糟，所以漸漸不再尋求任何人的支持，因為這樣就不用害怕自己是否會被拒絕，或被視為人在福中不知福。成為父母，會遭遇各式各樣的狀況，本來就有苦有樂，但不知為何，社會總瀰漫著一股無論苦樂都該心懷感恩的壓力。倘若不這麼做，意味著你是不好的或不懂感恩的父母。許多前來找我諮商的懷孕個案或已為人父母的個案也都有類似感受，看來我們應該要重新解讀「親職」這件事。

坦白說，對於懷孕，我每天都心存感激。但當我在馬桶前蹲著吐了老半天，又得強忍著嘔吐感面對不知所措的個案時，我真的一點都感激不起來。包括當丈夫想觸碰我不斷擴張的皮膚時，我除了尖叫，還是只想尖叫。即便晚上沒喝水，也幾乎每隔半小時就得起床上廁所，我自己都快抓狂了，真的很難把孩子視為禮物。但撇除這些辛苦，我非常感恩自己能夠懷孕，能有個孩子來到我生命裡。

因此，以下是我和個案們希望大家能為懷孕與即將為人父母者所做的事：

- 我保證我是心存感激的，所以請讓我發洩，不要強迫我只能感恩。
- 不要拿別人無法懷孕的事來要我瞭解自己有多好運，我知道自己很幸運，但這並不會減緩我的痛苦。
- 認真看待我的感受並理解我所經歷的一切。「哇！聽起來好痛苦！」是句非常有幫助的話。
- 願意出面給予支持很好，或許是幫忙送個餐點、發個關心的簡訊、幫忙洗衣服都很好。
- 請記得，每個人的懷孕過程都是獨一無二的經驗，某個感覺對你來說也許很神奇，但對別人來說可能苦不堪言。

十、種族、性別、跨性別、同性戀、殘疾、體型、階級等各種類型的歧視與偏見

過去四年來，網路及社群媒體的緊張氛圍不斷上升。二〇二〇年五月，所有網路上

的衝突隨著非裔美國人喬治．佛洛伊德（George Perry Floyd）被三名警員暴力執法致死。人們憤怒（且理所當然地）敲打鍵盤，要求合理的解釋與正義，在網路上大聲對嗆。有趣的是，仔細觀察這些你來我往的筆戰，會發現白種人（或是從未受過不平等待遇的人）最容易出現有毒的正向發言。

他們透過小小的手機螢幕，對著網路黑洞高聲呼籲：

- 「我們為何不能相親相愛呢？」
- 「讓我們好好相處吧！」
- 「我們需要和平。」
- 「我們都是一家人。」
- 「我愛所有人，不分膚色！」

是啊！要是我們都能相親相愛，該有多麼美好！可以的話，我也希望能實現這個願望。倘若大家都能好好相處、一團和氣，不是很棒嗎？理論上我們都是「人類」，所以確實稱得上是「一家人」，但在這種時候講這些話真的有幫助嗎？

我不會假裝自己是個反種族主義、反種族歧視或任何反歧視的專家。事實上在這個場域，我懷疑自己有很長一段時間做得並不好且需要重新學習。該領域有一些非常了不起的老師或領導者，我從他們身上學到非常多東西。因此，我很清楚受到偏見與歧視時該如何回應。如果你曾脫口說出上列語句，請不用擔心，停下來深呼吸。這並不表示你是個壞人，畢竟任何形式的有毒正能量背後多半是一份善意，只是它會帶來一些令人不舒服的影響，在某些情形下則可能造成真正的傷害，所以有必要試著將其辨認出來，並思考為何它幫不上忙。

有毒正能量的問題在於忽略他人的真實情況與感受，導致談話無法繼續。它往往在第一時間給人「不，你現在的感受是錯的，你應該要開心才對」的感覺，這與我們想給出的安慰完全相反。對於正因種族或其他類型歧視所苦的人們，應該給予一些空間，理解與相信他們的感覺，然後採取行動來對抗造成此局面的源頭。當我們不屬於受歧視的一方時，更需要這樣做。由於不是所有受到歧視或邊緣化的族群都有相同感覺，所以處理這些事情時，有必要聽取專家的建議；殘疾人士、肥胖者、有色人種的經歷與感受可能會有細微的差異，不可相提並論，因此也應該各別瞭解他們的實際經驗。

比起空喊口號，許多反種族歧視的教育者已提出更多我們能說、能做的事，其中愛琳・馬修[1]、瑞秋・卡果[2]、塔拉納・柏克[3]帶給我數不盡的學習。不僅如此，我也從許多在社區裡致力對抗性別歧視、恐同、殘障歧視、體型歧視等各種偏見的人士身上學到許多東西。只出一張嘴的事，誰都做得到，滿口漂亮話還不如實際採取行動來得有意義。

未來若再次遇到這類涉及歧視的事件，在你忍不住想說出沒營養的金玉良言前，不妨試試以下這些建議：

- 好好聆聽人們的親身體驗，然後說：「我相信你。」
- 親自研究與瞭解。看書也好、從網路上找資料也好、聽 podcast 也好，讓自己越能瞭解被社會邊緣化的感覺越好。
- 與你的朋友、家人或同事討論這些話題。

譯注① Erin Matthew。在臨床工作中發現種族歧視大大影響人們的自我價值，因此極力推動減少種族歧視的教育，並呼籲社會重視此議題。

譯注② Rachel Cargle。極力參與反種族歧視的活動，並成立非營利公司，為黑人女性及兒童提供免費心理治療。

譯注③ Tarana J. Burke。長期為受到性暴力或其他體制侵害的弱勢族群發聲。於二〇〇六年發起「Me Too」口號，並在二〇一七年因演員艾麗莎・米蘭諾在網路上使用「＃Me Too」響應反性騷擾的議題後廣為流傳。

- 透過網路關注在這些群體中具有影響力的人。
- 支持屬於社會邊緣化人士的企業。
- 公平地支付員工薪資，並讓他們在職場上也能享受充分的代表權。
- 要求企業為其偏見與歧視負起責任。
- 投票給支持受歧視者的法案和領導人。
- 一旦發現自己有錯，立即承認並思考改進方案。
- 在心裡記得這是個永無止盡的歷程。

當然，以上這份清單稱不上詳細與完整，對於存在人們之間的歧視與偏見，還有許多需要努力的地方，卻是一個很好的開始。稍後在第八章將討論有毒正能量如何影響充斥於社會中的歧視與偏見。

十一、心理疾病

長期為焦慮所苦的麗茲試圖在心理治療及對上帝的信仰之間尋找平衡點，我們花了非常多時間才得以讓她鼓起勇氣，讓父母知道她前來心理治療的事。有一回的諮商，我們談到麗茲的父母及信仰如何影響她的焦慮。對她的父母而言，進行心理治療等於對上帝失去信心，萬萬不可行。

麗茲的父母常會這麼說：

- 「妳沒有生病！」
- 「妳明明什麼都擁有了，為什麼還會焦慮？」
- 「妳身邊多的是值得感恩與開心的事，要把重心放在這些事情上。」
- 「想開一點，事情就會跟著好轉。」
- 「妳只要樂觀一點就沒事了。」

不瞭解心理疾病的本質與複雜度的人，很容易說出這樣的話，也認為我們可以控制自己的心靈，或是透過信仰及保持正向來調整心理狀態。因此對他們來說，很難相信怎麼會有人無法掌控自己的悲與喜。

心理健康議題有其複雜性，通常不是單一因素造成。身為心理師，我發現身陷心理疾病的人通常比誰都希望自己能好起來，從未有病人樂於在痛苦中掙扎而且不想痊癒。

即便有時候從外表看起來好像不是如此，這卻是不爭的事實。患有心理疾病的人通常都被自己的狀態嚇壞了，不知道該從哪裡開始處理問題，或不明白自己怎麼會變得跟以前完全不同。

眼睜睜看著這些人受心理疾病所苦，是件非常不容易的事，有時會令人感到窒息。無法拯救自己所愛之人的無力感，會讓我們忍不住想用各種可能的方式給予協助，包括有毒正能量在內。

麗茲知道父母的本意不壞，只是想幫忙，但她很希望他們可以這樣說或這樣做：

- 「我相信妳，我知道妳也不想這麼難過。」
- 「我知道妳很努力了。」
- 「我會支持妳，也會隨時助妳一臂之力。」
- 在她極度痛苦時，坐下來陪著她。
- 透過研究資料或諮詢來深入瞭解她所面對的困境。
- 明白一個人即使擁有一切，還是有可能受到心理疾病的折磨。

Toxic Positivity

想一想

① 在你的生活當中，有哪些狀況是正向思考幫不上忙的？

② 在你的生活當中，有哪些狀況是正向思考可以幫上忙的？

③ 本章提及十一種情況，若你遇到其中任何一種，你會希望別人如何給予支持或協助？

④ 本章是否有讓你更瞭解：除了正向思考，我們還可以用不同的方式支持或幫助有需要的人？

“

世上多的是過得比你更慘的人，要懂得感謝自己擁有的一切。

So many people have it worse.
Be grateful for what you have.

”

世界上永遠有人過得比我們糟，也永遠有人過得比我們好。
知道自己比下有餘或許有助於轉換視角，
但不會讓不好的感受消失。
抱怨不代表不懂感恩，
你還是能對心存感激的事物保有抱怨的空間。

chapter 04

如何與自己共處？

我很年輕時就深諳偽裝的藝術。不是透過打扮讓自己變成公主的那種偽裝，而是為了掩飾不完美，所以無時無刻如履薄冰、戰戰兢兢的偽裝。這種情形很像是每當你感到難過，就得為了否認這個情緒而買一個新衣櫃放進新衣服、做些新的事情、發起一趟新的旅行，或是畫上新的妝容，只為了遮掩大大小小的負面情緒。成長過程中，我不斷被灌輸要有足夠的理由才能難過，而且如果擁有的東西和資源比別人多，就不可以出現難過的感覺，因為還有很多人過著比我更糟的生活，所以說什麼都不可以有負面的感受、想法、情緒。

很顯然地，感受被貼上「好」與「壞」的標籤。無論實際上發生何事，你都要打扮得美美地、露出笑容、把事情做對做好。如果有人傷害你，你又把這件事情放在心上，那就是你「太負面」了。大家認為你應該要快樂，你就是快樂的；而且重點不在於你是否真的快樂，只要看起來快樂就行。

於是我們開始想盡辦法讓自己在社群媒體上看起來幸福又美滿，忽略內在的真實感受。有人問起最近過得如何，我們會強迫自己笑著撒謊：「好極了！」之所以需要偽裝，是因為我們認為非得如此、是因為害怕失去偽裝後會發生更糟的事：我會不會把大家嚇跑？他們承接得起我的感覺嗎？最好還是不要冒這種險吧？

回首過去，我花了大把人生在偽裝自己。偽裝我很開心、我自信滿滿、我熱愛自己的身材，這幾乎成為我的第二本能，開關自如。坦白說，這大概就是我對 Instagram 上的完美照片失去興趣的原因。我也很難與那些看起來總是很開心的人相處，因為我隱約知道他們藏在底下的真實面貌。

曾有那麼一段時間，我打從心底相信偽裝是生活的不二法則。我對自己說：我經濟無虞，所以不可以難過；我四肢健全，所以不可以討厭自己的身體；我擁有好學歷，所以不應該抱怨。「我生活中的一切是如此值得感恩，有很多人過得比我糟，所以我應該要快樂才對。」這段話不停地在腦袋裡迴響，每當有那麼一絲絲沮喪的感覺出現，我就會強迫自己要感恩、感恩、再感恩，結果就是我越來越悶。憂鬱和焦慮已經夠難過了，假裝自己一切安好更是難受。

到了二十多歲，我意識到自己因為偽裝而精疲力盡，越來越難維持外在形象，經常毫不掩飾地表達自身感受，有些人甚至認為我過度坦誠。我無法和假裝快樂的人相處，也開始注意到自己在社群媒體上的表現與內在感受充滿矛盾，而且不只是我，其他人也有類似情形。私下為了分手而哭得唏哩嘩啦的朋友，卻在社群媒體上連發十張笑咪咪的自拍照並標註「生活真是美好」；整整一個月沒跟孩子說到話的母親，卻發了張照片寫下「我好愛我的孩子」。

我不停滑著 Instagram 上的照片，一張又一張，每個人都笑呵呵地看著我，但事實明明就不是如此，不是發了大笑的照片就表示他很開心，或是不會有脆弱的時刻。可不知為何，公開坦露自己的脆弱或所有感受似乎不被社會容許，也不需要這麼做。無形中有股壓力迫使我們只能呈現出特定的樣貌，並隱藏其他部分。一旦有了這樣的覺察，意味著需要停止繼續這麼做，去接受成長過程會經歷的痛苦，才能慢慢擺脫有毒正能量的掌控。

我天真地以為只有自己這樣想，事實卻不然。前來諮商的個案們訴說著他們生活中的有毒正能量，像是朋友與家人心懷好意的話語、爛公司裡的歡樂工作時光、要表現出與大夥同在的壓力。我常不自覺地想像，個案們的社群媒體頁面會是什麼光景。雖然基於倫理考量，我不能去查看，但我總是很好奇：他們在社群媒體上的樣子會不會與諮商時完全相反？他們有多麼相信自己放在網路上的模樣？會希望別人相信那就是他們真正的樣子嗎？

甫進入心理師培訓時，我注意到許多療法都著重於正向思考與正向情緒，因為心理疾病會帶來許多情緒困擾，因此治療的目標就是將負向情緒變成正向情緒。我想徹底根除痛苦，而不是學著與其共存或處理它，於是把有毒正能量當成糖果般給了我的第一位個案（如果你正在讀這本書，我想向你說聲抱歉，因為當時我以為那是你需要的）。許多個案已厭倦在朋友面前隱藏真實感受，也疲於在工作上隨時掛著笑容，更不想總是在浴室裡孤單地大哭一場後，又上網發布充滿正能量的照片。隨著時間過去，人們顯然越來越不喜歡有毒的正能量，只是不敢說出口罷了。

原來我並不孤單，說真的，這讓我很開心。

餵養有毒正能量給自己

有毒正能量會讓我們活在偽裝裡，直到我們再也裝不下去。它不斷告訴我們，只要有人過得比我們還糟，我們就不可以難過；只要有事情需要被感謝，就不能出現感恩之外的情緒；只要開心，就能克服所有困難。我們只能躲在一堆虛假的歡樂後面，獨自品嘗孤單與寂寞。有毒正能量會讓我們覺得愧疚、不夠好、孤立。它或許立意良善，卻幫不上任何忙。

當我們說出下面這些話，就是在以有毒正能量抨擊自己：

- 「我現在應該要好起來才對。」
- 「我應該要快樂。」

- 「我好感謝生命中發生的一切。」
- 「還有很多人比我更痛苦。」
- 「我的生命很富足，所以不該有這種感覺。」
- 「很多人對這種狀況樂在其中呢，應該沒有那麼糟。」

有毒正能量透過許多方式對我們造成傷害，包括：

- 阻止我們去探索和瞭解自己的情緒。
- 讓你因為有「負能量」而感到羞恥。
- 讓你不想接觸他人。
- 壓抑情緒，導致情緒不斷累積，情況變得更加棘手。

有毒正能量會一直讓我們覺得自己的感覺是錯的：我們不該有這樣的感覺，我們得要有「充分的理由」才可以難過、沮喪。一旦相信有些情緒是不好的、不該出現的，那麼經歷到這類情緒時就會有罪惡感。這也是我們為什麼習慣用壓抑的方式處理負向情緒，或是在心情不好時跑去購物、大吃、喝酒、滑社群媒體等等。想辦法尋找能麻痺感覺的事情來做，早點跳脫難過的感覺，就可以不用因此感到羞愧。但說真的，身為一個有血有肉的人，卻愧疚於自己與生俱來會有的感覺，實在是說不過去。更不用說你越刻意掩藏，越覺得難過，結果衍生出更多愧疚、假裝和隱藏。

使用有毒正能量來攻擊自己，會讓我們失去探索和瞭解自身情緒的機會。如果你難過時，旁邊的人對你說：「開心一點嘛！」你還有辦法繼續訴說自己有多傷心嗎？很難吧！在這種狀況下，你多半會閉嘴不再談。我們會因為覺得自己似乎不該有某種感覺，而試著否認自己有那種情緒。重點來了：情緒和理智是兩碼子事，不可能把它們拋到九霄雲外或完全否認它們的存在。情緒或許不代表事實，但它們之所以存在是有原因的，不斷告訴自己不該有感覺也不會改變任何事實。

每次我試著用正面積極的表現來掩飾真正的感受時，都會留下罪惡感或羞恥感，又或是兩者兼具。罪惡感表示我們做了不好的事，羞恥則意味著我們不好。當我們因為有所感覺而譴責自己，或是想用正向思考和感恩的心來遮掩一切時，都會讓我們同時覺得自己很可恥、孤單，又害怕與任何人分享真正的感受。因為只要有人覺得開心，我們也該跟著開心；如果出現負向情緒，肯定是我們哪裡有問題。

有毒正能量會讓人們之間失去連結，如果我身陷苦惱，四周瀰漫著「人都應該要快樂」的氛圍，那我肯定不會說出自己的真實狀況。因為如果講出「我狀況不好」，肯定會惹來批評或論斷。當我們覺得無法被瞭解，自己的感受好像也與世界上所有人不同時，真的很難與別人有所連結。

有毒正能量不斷宣揚我們應該隨時隨地保持心情愉快，一旦你不開心，就是一種失敗。但，倘若我們本來就會有各式各樣的感覺，只是我們總是選擇獨自面對，不讓別人知道呢？倘若我們其實都會沮喪和憂鬱呢？如果我知道你也有痛苦的時候，肯定能自在地與你分享我的苦與樂，害怕讓別人知道的壓力也會少掉許多。

正向肯定語為什麼行不通呢？

十七歲時，我曾接受心理治療。還記得心理師在第二次會談時要求我站在鏡子前，對自己講一些正向肯定語（positive affirmations），像是「我愛我自己」「我是有價值的」等等。那次之後，我就再也不去了。

對我來講，正向肯定語總讓我覺得尷尬、不真實，還有被強迫。但因為人們極度頌揚正向肯定語的的效果，我還是試著做了好幾年，卻只覺得越來越糟。也因此，我很難鼓勵個案進行這種練習。

當你覺得糟透了，正向肯定語聽起來就像是天大的謊言，但從來沒有人想承認這件事。因為社會把正向思考吹捧成萬靈丹，所以我們只能在嘴巴上不斷重複大喊：「我是最好的！我愛我自己！」然後看著其他人，心裡想著：「大家真的覺得這樣做有用嗎？還是我哪裡做錯了？」

我不否認語言的力量。語言非常重要，也占據我和個案工作的大部分時間。每次寫到這類主題時，總會有人要我好好研究正向思考和語言的力量。我知道，科學已經證實在某些情況下，正向語言能對人們產生正向影響，負向語言則會對心理及身體有負向影響，但都不是那麼絕對。研究發現，對高自尊的個體而言，正向思考與正向肯定語是有用的；對低自尊的人來說，正向思考則適得其反，他們最終會因為發覺這些話語並不真實而更加憂鬱。此外，研究結果也顯示過度樂觀的人有更高機率出現憂鬱症狀，因為他們很可能沒有對風險或困境做好準備。

簡而言之，重複對自己述說正向肯定語不代表一定會幸福。

至於正向肯定語為什麼行不通，有幾個關鍵原因：

一、你講出來的正向肯定語，如果連你都不相信它是真的，它就沒用。

假設你的目標是愛自己，這很好，但你不太可能每天都很愛自己。「愛自己」其實是個很模糊的目標，你也許根本不太懂這指的是什麼，卻隨時有可能因為某些事情出現不舒服的感覺，或是在照鏡子時浮現負面想法。如果你正處在不怎麼喜歡或欣賞自己的狀態裡，「愛自己」就變得遙不可及；如果你把「永遠愛自己」當成目標，那麼在不太容易說出正向肯定語的那些日子，你就會覺得自己很失敗。

長期自我厭惡的人，剛開始練習說「我愛自己」時可能感覺還不錯。但很快地，這句話會開始惹惱人，一切變得虛假、空洞，然後你慢慢地開始覺得自己是個失敗者，如同與我分享過類似經驗的那些人。但這其實不是你的錯，只是正向肯定語不適用於這種情況，如此而已。

二、肯定語要有相對應的行為支持才有效果。

有行為加以配合，才撐得起肯定語背後的信念。如果你一邊說著正向肯定的話語，一邊卻反其道而行，想必難以將正向肯定語整合到自己的信念系統裡。

我們得同時注意自己的想法和行為才行，所以重點在於捫心自問：該如何實踐這些肯定語？如何才能把想要相信的事情展現在自己面前？

以「愛自己」的肯定語為例，我會想知道：

■「愛自己」是什麼樣子呢？

■ 怎麼做才是「愛自己」？有哪些行為可以展現這件事？

■ 即使非常困難，我要如何展現對自己的愛？

三、缺乏內在接納、愛與自尊的情況下，肯定語是無效的。

肯定語是為了讓我們感受到愛、接納與自尊。要全然相信肯定語，得先相信自己值得被好好對待。如果你始終認為自己不值得被愛、被善待，再多肯定語都只是空談。我們得要打從心裡相信，這些肯定語與關於我們的正向部分是真實的。

我發現，先試著從可能是真實的部分開始，再透過肯定語創造出彈性與延伸，會相當有幫助。所以，如果你想「愛自己」，卻覺得很難建立接納、愛與自尊時，不妨先試試以下這些說法，有助於讓你的肯定語聽起來有彈性又可信。

比起「我愛我自己」，你可以說：

■「我可以學著愛我自己。」

■「我接受我不會每天都愛我自己。」

■「即使很困難，我也會試著表現出對自己的愛。」

■「今天無法愛自己也沒關係，明天再試試看。」

■「有時候，就是無法好好愛自己，我會繼續努力。」

當我們能試著去同理自己並給出可能性，就可以創造出一個心理上的空間，允許我們接受肯定語並不真實的感覺，並同時試著去相信這些肯定語或許有一天會變成真的。

讓肯定語肯定有效

語言擁有不可思議的力量，也非常重要。只要使用得宜，能幫助我們達成目標、促進心理健康。無論心情好壞，你都在與自己對話，有什麼比你每天都會對自己說的話還重要呢？

「肯定語」可以是我們對自己的感覺、一個目標或一種整體的感受，例如：「我是個有韌性的人」「我正學著愛我自己」「我接受現實」。

肯定語在以下情形能發揮最佳效果：

- 與你的價值觀相符。
- 真實不虛。
- 在能力可及範圍。
- 有實際行動作為後盾。
- 用以增強正向情緒，而不是為了掩蓋或消除負向感受。

首先，來看看如何提升價值觀與肯定語的一致性。一個人的價值觀是生命中最重要的東西，它能幫助你決定生活各項事物的優先順序，以及確認人生是否依循想要的方向前進。當你的行為與價值觀相符，就會非常滿意自己的生活；當你的行為與價值觀不符，日子就會變得很難過。研究發現，肯定語要發揮最大的影響力，得要符合你既有的價值觀。也就是說，在確認哪些肯定語適合你之前，先辨認出你的價值觀是非常重要的。

為了讓你的肯定句與價值觀相符，你需要問問自己：

- 我的核心價值觀是什麼？（上網查詢，會出現許多值得參考的價值觀清單。）
- 對我來說，什麼是重要的？

■ 我如何將自己的價值觀體現於每一天？我最偏好把大部分時間心力投注在哪裡？
■ 我有特別喜歡或重視某個價值觀嗎？

只要瞭解自己的價值觀，就能創造出對自己有幫助的肯定語，再進一步透過以下問題檢視這些肯定語對你而言是否可信：

■ 我願意相信什麼？
■ 這個肯定語有可能實現嗎？我能想像出實現它之後的世界嗎？
■ 如果這個肯定語好像不太可行，我能如何調整？

肯定語不能只是天馬行空，還要具備「成真的潛力」才行，但這非常因人而異，也很受環境影響。在你看來是伸手可及的夢想，我眼中卻可能是天方夜譚。倘若我覺得自己不太可能達到「我願意愛自己」，或許就會把肯定語改為「我會試著接納自己」或「我會試著愛自己」。加入**可能、或許、嘗試**之類的詞，會讓肯定語變得比較有彈性。

肯定語是否能在心理及生理上都讓人覺得「有機會達成」，也是很重要的一點。同樣地，這也是因人而異。對我來說可達成的目標，在你眼中可能完全是另一回事，畢竟我們都是不同的個體，每天面對的支持與阻礙可能也都不一樣。試著避免在肯定語中使用「總是」「絕對不」，這會形成一種很難達成目標的心理感受。

想評估你的肯定語是否能達成，可問問自己以下問題：

- ■ 這對我來說實際嗎？
- ■ 雖然它看來好像不切實際，但會讓我覺得有實現的可能嗎？
- ■ 我能找到資源與支持來協助我實現它嗎？
- ■ 這個肯定語本身有彈性嗎？還是包含了「永遠」「從不」之類的字眼？

倘若當前沒有足夠資源來實現你的肯定語，也不要太擔心，重點在於它對你而言是否有實現的可能性，以及是否有機會找到方法實現它。

從小到大，身邊的人總說「只要你願意，可以做到任何事」「最大的敵人就是自己」。事到如今，我不得不告訴你事實並非如此，你聽了也許會失望，但每個人的境遇都是獨一無二的，因此每個人能做到的也不盡相同。

我從很小的時候就戴著非常厚重的眼鏡，透過鏡片眼睛看起來像放大了五倍，若沒有眼鏡，我甚至無法認出自己的母親。當時醫師沒有開立隱形眼鏡的處方箋，因此游泳隊或需要肢體接觸的運動都與我無緣。如果有救生員在泳池旁待命，又有人能教我如何在視線不佳的狀態下躍入水中游泳，我是否就能加入游泳隊呢？當然可以，只是我需要耗費的時間心力可能太多，還不如拿同樣的時間心力提升自己既有的能力。我們都有各自的目標、天賦與能力，如果你身高一米六，大概很難成為NBA選手，但是沒有關係，因為NBA球員永遠不可能成為體操選手。因此，最重要的是瞭解自己的能力與強項，並尋找合適的資源將它發揚光大。

如何以行動實踐自己的肯定語呢？不妨從思考以下問題開始：

- 如果將這個肯定語化為行動，看起來會是什麼樣子呢？
- 萬一要將肯定語付諸實行是件困難的事，我可以做些什麼呢？
- 為了落實肯定語，我可以做些什麼，或是我需要做什麼？

許多談論正向思考的文章都過分專注於想法而忽略行動。想法固然很有力量，但行動的力量更是強大。當你找到屬於自己的肯定語，除非付諸實行，否則它永遠不可能成真。要是你每天都對自己說「我愛我的身體」，卻動不動就批評自己，或是不斷嘗試各種減肥方法，肯定很難真的感受到你有多愛自己的身體。所以除了嘴上說說，起而行更是不可或缺。我希望你能試著找到一、兩種方法每天落實你的肯定語。起先可能會覺得有點怪異、不自然，不斷重複地思考與執行之後，慢慢就會越來越得心應手。

為了確保你不是把肯定語當成掩飾負向情緒的工具，請問問自己：

- 這個肯定語的目的為何？
- 這個肯定語是為了讓我逃避不好的情緒嗎？
- 這個肯定語可以幫助我處理情緒嗎？
- 這個肯定語帶來的是支持還是否認？

當肯定語讓我們覺得太正向時，通常就要注意了，這類肯定語往往是為了掩飾某些更加嚴重或痛苦的東西而存在。如果你才剛痛失親人，每天覆頌「我愛我的生活」並不會消除哀傷，你仍得走過哀悼的歷程。因此，若你正在經歷極為痛苦的事情，最好使用有助於你走過這些痛苦的肯定語。以我而言，我也許會對哀慟中的自己說：「這真的很辛苦，但我會慢慢度過的。」「我很難過，但也很堅強。」一方面接受自己的情緒和感受，一方面也給自己鼓勵。

我們所使用的肯定語與自己的價值觀相符，採取行動後還能使其變得更加可信、更有機會實現，並同時成為情緒支持，那麼它所帶來的好處將會很可觀。正確的肯定語能幫助我們：即便極其憎惡某事，也還是可能保持中立的狀態，然後開始或多或少覺得這個正向肯定語有機會成真，接著再透過想法與行為來實現它。

此外，也請記得沒有哪個肯定語永遠都是對的，你不可能隨時都很滿意自己的身材或人生。我們的最終目標是學著接納、學著對生命中的潮起潮落給出空間、學著相信自己值得被好好對待，這些才能真正幫助我們。當你試著用這個新的方法來發展自我肯定，它會慢慢成為第二本能，讓你越來越能以直覺給出足以支持自己和貼近現實的肯定語。

享受你的負向情緒

某天下午稍晚，我打開電腦，亞麗（Aly）已登錄線上會談室，等著進行晤談。她坐在臥室的地板上寫作業，筆散落身旁。亞麗還很年輕，但對於他人需求的敏銳度遠勝過許多成人，每次與她晤談，我也從她身上學到許多東西。亞麗和母親的關係很糟，會談時大部分都在討論她們近期的衝突與界線問題。

在諮商過程中，亞麗動不動就會道歉，這是她從與母親互動的過程中學來的。只要母親生氣，她就會這麼做。她會因為自己的感覺而道歉，會因為沒能記得某些事情而道歉，也會因為覺得她的生活給我添麻煩而道歉。只要她道歉，我就會開玩笑地說：「如果妳在這兒都不能分享自己的感覺，還能去哪裡分享呢？我的工作就是聽妳訴說啊！」她笑著點點頭。我已不只一次告訴亞麗不用擔心我或我的感覺，但這已是她的本能反應。比起專注於自己，她更常專注於擔心其他人事物，因此我們的諮商過程中，最常處理的就是如何讓她把重心放回自己身上。

亞麗習慣性道歉的模式與極為敏銳的洞察力，似乎來自於她得經常應付母親的心情。她的母親反覆無常、需索無度又好批評。亞麗從小就把母親的痛苦攬在自己身上，努力維持家內和諧。為了做到這些，她只能吞下自己的負向情緒，因為家裡已經被母親的情緒給塞滿了，容不下她的。

亞麗的母親是個非常情緒化的人，無時無刻都帶著情緒且缺乏自我調節的能力，因此所作所為令身邊的人苦不堪言。也因此，亞麗學著讓自己成為與母親截然不同的類型，非常善於偽裝和壓抑情緒，總是表現出一切都好的模樣。無論是亞麗的母親還是亞麗自己，她們的情緒表現方式以長期來說都是行不通的。我和亞麗的諮商目標是：即便她的母親完全沒有改變，她也要學著好好處理自己的情緒。

我開始試著協助亞麗去碰觸和表達那些被她標定為「不好」「不可以表現出來」的

情緒。

沒有什麼情緒是「不好」的

有毒正能量與正向肯定語的壓迫，灌輸我們有「好情緒」與「不好的情緒」。好的情緒可以盡情感受，例如幸福、快樂；不好的情緒要盡力避開，例如生氣、厭惡。成千上萬的書籍、影片及網站，都致力於教導人們根除生活中的各種負向情緒，如此就能讓你平靜喜樂、明心見性，便再沒有任何事物能令你不快。

我實在受不了了，我要爆雷：世界上根本沒有這種事。

情緒是我們對環境刺激所產生的自然反應，無法嚴加管控。良好的神經系統加上適度練習，或許能幫助我們學習如何因應自身情緒與行為，但我們永遠無法控制自己的感受。各種行為控制的方式對於經歷創傷事件、因疾病導致神經系統失調、缺乏管理情緒技巧的人而言，可說是難上加難。你永遠不可能刻意對自己說：「嗯……我會在那輛車急剎時感到害怕。」事發當下，你只顧著做出反應而已。

與一般大眾認定不同，世界上並沒有什麼情緒是「不好」的，只是有的情緒會讓我們比較難受，或讓某些人特別痛苦。越是壓抑，會越難面對它們。有些人會在要開心還是該冷靜之間掙扎，有些人則會逃避生氣或焦慮。至於常被列為不好或負面的情緒，則有傷心、生氣、害怕、憎恨。之所以會想壓抑或避開這些情緒，是因為我們不喜歡它們帶來的感覺，以及我們因之而出現的行為。由於這類情緒會使大腦分泌壓力荷爾蒙皮質醇（cortisol），導致前額葉處理訊息的效能大打折扣，學習和專注能力也受到影響，才會讓我們覺得那麼不舒服。但這些情緒在生活中扮演著極為重要的角色，也在許多時候保護著我們。

像生氣、害怕、或憎恨這些令人不舒服或難過的情緒，可以幫助你：

- 釐清哪些人事物對你來說是重要的。
- 辨認出令你不安的人事物。
- 指出需要注意的議題，如人際關係、健康等等。
- 知道自己是否身處險境。
- 知道自己應該要休息還是要繼續前行。
- 判斷你需要拉起界線，還是開放更多彈性。
- 針對社交情境進行評估。

■ 從錯誤中學習。

■ 變得更有韌性。

我們無法避開這些情緒及其帶來的不舒服，越是想逃避，不舒服的感覺就會越強。比起學習如何擺脫令人困擾的情緒，我們更需要的是學會如何面對它、處理它、與它共存。

要懂得感恩，否則……

我們常會在心情不好或想抱怨時，強迫自己要懂得感恩。要感謝自己還有得住、還有得吃，甚至要感謝那些讓我們痛不欲生的事情。

■ 「感謝事情沒有變得更糟。」

■ 「至少你還有＿＿＿＿（請自行填入任何你應該要感謝的人事物）。」

■ 「有太多事值得你感恩。」

■「你過得這麼好，不應該沮喪，多往好處想吧！」

曾幾何時，「感恩」就像幸福快樂一樣，成為我們的義務；不懂感恩的人，注定要過著悲慘孤單的生活。但，隨時隨地都要心懷感恩何嘗不也是種折磨？

「感恩」對身陷痛苦的人來說是莫大壓力。試著想像以下各種描述：你對生活極度焦慮，表示你不夠專注於生活的正向層面；你遭遇失落、需要哀悼，但你不可以只看到失去的，也要記得還擁有很多；一直很想懷孕的妳終於得償所望，就不能埋怨懷孕期間的痛苦或日後得半夜起來餵奶的辛苦，因為是妳自己想要懷孕生子的；如果你有得吃、有得住，就不該感到痛苦，因為很多人過得比你還糟。以上這些描述都很合情合理，對嗎？世界這麼大，永遠是比上不足、比下有餘，更不用說有些人一直在貧困、糧食短缺、失業、缺乏教育資源、遭受虐待或忽視等等會對終生造成負面影響的情境裡苦苦掙扎。

但是，話不能這樣說，很多事也不能如此相提並論，因為我們都生活在各自的軌道上。倘若我對一個因厭食症而苦的人說：「嘿，世界上有很多人都在挨餓，你該感謝自己還有食物，吃下去就對了！」這會是多麼汙名化又沒用的做法啊！對正在痛苦的人而言，感恩與現實根本是兩碼子事。與厭食症搏鬥是真的，世上有數百萬兒童面臨糧食短缺也是真的，但誰都無法讓另一方的痛苦消失不見。

心懷感恩，原本是希望我們能藉此意識到自己重視與珍惜什麼，而不是在痛苦掙扎時拿來羞辱自己，或是用來叫抱怨的人閉嘴和結束對話。

我們在歡迎好事的同時，有沒有可能也允許壞事存在呢？或許這樣做更能讓我們體驗到感恩帶來的好處？

什麼是感恩？

感恩，在理論上很容易理解，在行動上卻困難重重。它提供一個方向，讓我們欣賞別人與世界，從中做出決策、經營生活。感恩具有可塑性，能在生命中加以培養與增強；它同時也是一種信念，受個人成長環境及對事件的詮釋模式所影響。

感恩文化的興盛並未讓不同族群產生相同程度的感恩特質。就我們所知，感恩與年齡、性別、教育程度及就業情形明顯相關。與年輕人、男性、低教育程度者、失業者相比，年紀較大者、女性、高教育程度者及有工作者，在感恩特質的得分較高。這表示不同群體的感恩特質強度不一，不應要求大家都使用相同的策略來面對生活。近期的一項研究也發現，將人口統計因素（demographic factors）納入考量後，「感恩」這項特質就比較無法預測個體的幸福感，因為文化、性別、社會、人格特質等因素皆會影響「感恩」的程度。此外，生活經驗及獲得資源與否，也會影響個體表達或出現感激之情的能力。

謝謝那有用嗎？

我的 Instagram 頁面上每天充滿了感恩清單、感恩日記、感恩小提醒，以及各種肯定語。通常這些都會配上一張「苗條、身體健全的白種人站在華麗廚房裡」的照片，說著不管發生什麼事都要心存感激，或是「世界上永遠都有值得感恩的事」之類的。當我感到痛苦時，這些東西可說是刺眼的不得了，彷彿找到希望感是我應盡的義務。

過去十年，許多研究埋首於瞭解感恩及其對精神病理、心理健康、整體幸福感、身體健康的潛在影響。不幸的是，多數流傳已久的「感恩的好處」並未獲得證實。

以感恩讓身體健康為例，研究結果並未有一致性的結論。感恩練習對於許多心血管和發炎疾病有正向影響，也有助於改善睡眠品質。然而，其對於身體機能的影響，以及其他轉移注意力的方法所產生的效果卻無明顯差別。此外，研究亦無法證實感恩練習能有效減少慢性病患者或慢性疼痛患者的疼痛感。從研究結果來看，感恩無法直接預測身體的健康狀態，我們卻長期被教導「感恩可以促進身體健康」。

還記得我剛成為心理師時，感恩練習可說是癌症患者與其照顧者必須進行的功課之一。人們非常相信多多進行感恩的練習，將有助於身體的復原，因此到處都能看到以感恩為主題的癌症病患團體，也會聽到醫生對病人說：心態會影響痊癒的速度。

近期研究確實發現規律地進行感恩練習，有助於提昇心理幸福感、情緒幸福感，以及社會幸福感。像是規律練習感恩日記，確實能促進情緒上的幸福感。這說得過去，因為感恩讓我們把注意力放在生活中比較美好的事物上，並同時讓我們覺得有掌控感。如果我們一直把注意力擺在自己缺乏或無法掌控的事物上，只會覺得一切都很糟糕。然而，要如何在這兩者之間找到一個平衡點，就相對更加困難了。

很遺憾地，感恩無法減緩心理疾病的症狀。研究發現，正向心理學的治療方法並不適用於已發病的心理疾患，因為此項介入方法的有效與否，取決於個體手邊可用的資源以及當前面臨的困境。對於已患有心理疾病或有嚴重精神症狀者，建議他們練習感恩很可能會造成更多傷害。雖然有人認為培養感恩的心，有助於在遭遇困境時減緩心理上的痛苦。但對於正因精神疾病所苦的人來說，仍應審慎評估再決定是否要做這樣的練習，畢竟正向心理學的技巧並不通用於所有情況，過於魯莽地把它當成正式的心理治療方法，可能會讓結果更糟，對症狀已經很嚴重的患者而言更是如此。

簡單說來，在正確的時機由正確的人來使用，感恩可以是非常強大的工具，但仍要謹慎評估是否適用於所有人及所有情境。

我知道應該要懂得感恩，但是……

丹尼（Danny）為了改善與母親的關係前來諮商。他非常內向，對自己極其嚴苛。根據我的瞭解，他並沒有遭受任何虐待或忽視，也認為自己的童年很「正常」。他的母親也很愛他，努力滿足他的所有需求，但由於丹尼和另外三個孩子非常不同，因此她很常在照顧丹尼時感到痛苦與掙扎。這意味著，丹尼在童年時期可能很常經驗到孤立、不被理解及「與眾不同」的感覺。

丹尼花了將近一年才逐漸願意面對童年期的一些問題，包括他可能對母親有負向的感受，即便他非常感謝自己所擁有的一切。他很常以「我知道應該要懂得感恩，但是……」作為開頭，接著繼續說：「我有所有孩子渴望擁有的一切，也知道很多人過得比我還糟，甚至覺得自己不應該在這裡談論這些事。」丹尼會拿自己與童年曾遭到情緒及身體忽略的那些朋友比較，以「他們過得比自己悲慘」為由，抵制自己的感覺。認為自己應該要感恩的想法不斷令他感到羞愧。

因為擁有許多值得感恩的事物，所以不應該生氣或不開心。我知道自己曾與丹尼有類似的感覺，你或許也是。我很常會在抱怨前加上「我知道很多人過得比我糟……」，以免別人因為我為一件小事不開心，而覺得我是個怪物。我可能還會接著說：「但我沒事了！我覺得自己很幸運，能有這番經歷，請不要評斷我。」每次要表達任何不舒服，都得重複同樣的但書，一次又一次，彷彿不這麼做不行。

你不能強迫自己感恩

感恩很重要，但有觀點也無傷大雅。這聽來好像很合理，卻是我最常與個案討論的事。我們經常試著在是非黑白與對錯之間尋找灰色地帶，試著騰出一些空間容納傷害或支持我們的事物。容許兩者並存，能讓我們一邊哀悼自己的失落，一邊繼續往前進。只看見我們所沒有的或失去的，會讓生活變得黑暗與困頓，但盲目地強迫自己要心存感激，也不會讓狀況有所改善。

強迫性的感恩會以這樣的角度看待事情：

你過了烏煙瘴氣的一天。先是車拋錨在路邊，錯過工作上的重要會議，結果你的老闆氣炸了。接下來，如果要把車修好，差不多也要破產了。這一切是如此令人苦惱、挫折、耗時。你撥了一通電話向母親抱怨，順便詢問可以去哪裡修車，她卻回答：「你要懂得感恩，你有工作又有車，這可是很多人求之不得的！一切都會沒事的。」絞盡腦汁想解決眼前的問題已經讓你夠不爽了，「感恩」還硬生生補了一槍。搞不好這時你有點羞愧與懊悔。媽媽說得沒錯，許多人連車或工作都沒有呢！我應該要懂得感恩才對。但這一點幫助都沒有，因為你正在情緒上頭，沒有代步工具，更不用說工作岌岌可危。媽媽的觀點確實沒錯，但除了讓你多生出罪惡感之外，對危機處理完全無濟於事。

在這裡，試著先騰出一些空間接納當下的感受，再讓感恩的心情順其自然地產生。接續車子拋錨的例子，我們來看看可以怎麼做：

認同你當下的感受：「我的車子壞了，連帶讓老闆對我失望，這份工作對我而言非常重要，而且我還沒有足夠的錢可以修車。在這種狀況下，覺得心煩意亂是正常的。」

如果有什麼問題需要處理，在當下要先聚焦於解決方案：「我需要離開這裡找到修車的地方，也需要跟老闆溝通，並想想今天大概何時能回到工作崗位。」

情緒會讓我們無法理性思考。慢慢調整當下的情緒，直到冷靜下來。花一些時間與步驟，運用情緒調節技巧來讓腦袋變得清晰、能夠專注，從而處理當前需要面對的問題。

換個角度思考。當眼前的問題逐漸解決，你的感覺也獲得接納，就可以開始嘗試換個角度思考，或從中找到值得感恩的地方。這時候再去看看自己生活中還不錯的事物或成功之處，才能對你產生幫助。當然，這並不代表壞事沒有發生過，只是有壞也有好。延續上例，這時你可能會這樣想：「幸好我沒有受傷，而且還有救援的拖車來載我。我一直以來都是可靠的員工，相信老闆會願意協助我度過這個難關。」

以上這些步驟，你可能會需要重複進行好幾次才能上手，事件引發的情緒強度也會影響你調節情緒的速度。此外，若你在過程中備感掙扎，或卡在其中一個步驟動彈不得，都是很正常的。

如何讓感恩成為你的好幫手

在一天當中，有許多方法可以表達感恩，但在沒有正視情緒與好好處理它之前，感恩之情是出不來的。所以務必確定自己準備好要表達感謝，才去進行任何感恩的練習或培養感恩的心。太快要求自己對發生的事心懷感激，不只留下被強迫的感覺，還可能一點幫助也沒有。

以下列出可定期進行的一些事項，有助於提高內在的感恩之心：

- **試著看到生活中的好事與壞事，容許它們共存**，有助於你先接納自己的痛苦，再慢慢萌生感恩之情。
- **寫下你想感謝的事**，可以針對特定主題寫日記、列清單、畫張圖，或是做一些能讓你專注於感恩之情的事。
- **表達對他人的感謝，有助於增進彼此的關係。**人們都喜歡自己能幫上忙的感覺，因此不妨多把謝謝、微笑及讚美掛在嘴邊。

培養感恩的能力要從平常做起，而不是等遇到麻煩或痛苦時才去做。你越能照顧自己的感受、越能有效率地解決問題並發展出不同的觀點，就越能讓自己常保感恩的心。

記得，問題永遠是相對的。世界上永遠有人過得比你糟，也有人過得比你好，這些都不會抵消你所感受到的一切。照顧自身感受與心懷感恩可以並行。照顧自己的感覺是「這真的好困難，但我相信會慢慢變好」；懷抱感恩則是「我感謝自己擁有的一切，我知道有些人比我還慘，也知道現在這樣已是不幸中的大幸」。知道其他人的狀況比自己糟，或「這其實也沒什麼大不了」的感覺並不會讓你好過一點，如何找到其中的平衡點才是最重要的。

在此提供一個同時照顧自身感受與心懷感恩的例子：「我現在所經歷的事情既辛苦又挫折，我容許自己有這些感覺，好好照顧自己的感覺後，我會試著去感謝。我知道自己有很多需要感恩的事，但知道有人比我痛苦並不會讓我好過一些。」

你可以試著發展出一些專屬自己的感恩宣言，讓它們既能照顧你的感受，同時也知道事情會慢慢好轉。

Toxic Positivity

想一想

花些時間思考一下「感恩」這件事，並開誠布公地回答下列問題：

① 還記得何時第一次學到「應該要懂得感恩」嗎？人們如何教導你關於感恩的事呢？

② 你是否曾覺得被迫要心懷感恩？

③ 對你來說，如何把「感恩」融入生活中才是合理，且能讓你覺得舒服呢？

“

心想，才會事成。

Your thoughts create your reality.

”

思想的力量很大，
但光靠想法並不能創造出現實中的任何東西。
我們是活生生的人，
會受到各種人、環境、事物及制度所影響，
因此可以透過想法來激勵和鼓舞人們採取行動、做出改變，
才能進一步打造出自己想要的生活。

chapter 05

如何處理情緒？

艾莉莎的工作忙翻了，只好將諮商改為一個月一次。我們的諮商頻率因此變得極為不固定，每次都得先花一半的時間更新近況才能繼續進行。艾莉莎既孤單、過勞又精疲力盡，還穿了一件厚重到幾乎無法穿透的情緒盔甲。她以虛無飄緲的聲音說：「我沒事，我可以克服一切。」這種狀況經常在我們之間上演，艾莉莎明明是來做心理治療的，卻老是說自己沒事，我望著她陰鬱的雙眼和毫無生氣的面容，知道她說的並不是事實。她只是不允許自己去感覺任何事情，但是對工作麻木或是變成工作狂，都無法阻止情緒的出現，無論她是否喜歡，都還是會有感覺。

我決定推艾莉莎一把，瞭解究竟發生什麼事。於是我問她：「妳指的是克服工作，還是其他事情，只是我沒注意到？」

她盯著地板，猶豫著要如何回應。我安靜地坐著，希望我的疑惑能稍稍打破她的盔甲。後來她終於告訴我，她身邊的朋友們一個個都結了婚、有了孩子，往「人生的下個階段邁進」了，這讓她感覺自己停滯不前又極其迷惘。「工作是我唯一擁有的，但我也快被它搞瘋了。」一滴眼淚從臉頰淌下，她迅速抹去。

我決定把握這個當下，再多推進一些。

我問：「妳對這一切有任何感覺嗎？妳似乎有點麻木。換做是我，我不確定如果這些感覺都被藏得好好的，我要怎麼去處理它們。」我曉得她的困頓與不知如何開始，但我盡可能保持安靜，讓她慢慢消化我提出的問題。她抬頭望向我：「坦白說，我不知道該對這些有什麼感覺，我甚至不懂那是什麼意思。」她的挫折感可想而知，因為那是長期習慣壓抑與逃避情緒的人會有的典型反應，他們不知道怎麼感受情緒，於是否認成為唯一的選擇。我想試著引導艾莉莎找到跳脫這種惡性循環的方法，重新感覺她的情緒。

你是不是對生活已經麻木了？

情緒人人都有，只是每個人經驗它的方式不同。許多人會交互使用「感覺」（feeling）和「情緒」（emotion），但這兩者其實是不同的東西。

- 情緒是一種生理上的體驗（例如心跳加快或呼吸困難），有助於瞭解自己目前正在什麼樣的環境裡，它通常是一連串複雜的反應，並因事件的重要性而有所差異。
- 感覺則是在意識上對情緒的認知。

感覺可在意識層面上體驗到，情緒則是在有意識或無意識的狀態下，皆有可能表現出來。透過情緒教育與練習，有些人可以感受到特定的情緒並予以辨識，將其標定為一個自己能夠理解和經驗的感覺。這種能力並非與生俱來，而是後天習得的，而且每個人可能都有各式各樣的情緒經驗。

艾莉莎其實有情緒，只是她感覺不到它們的存在，太多對於情緒的否認與壓抑令她難以理解那些感覺。不只艾莉莎，許多人都有類似的困難。無法意識到自己情緒的人，經常難以判斷情緒帶來的是什麼樣的感覺，也不曉得情緒會以什麼樣的方式展現出來。對這些人而言，他們與自己的情緒是失聯的。也就是說，在他們真正辨認出自己正在經歷什麼情緒之前，很可能已經浸泡在這些情緒裡很久了。長期否認、壓抑或忽視情緒的存在，對身心會造成極為不良的影響。

情緒如何形成

情緒在早期人類生活中是微不足道的存在，毫無研究或調查的價值。達爾文雖然認為情緒有其用處，更對人類的生存和適應極其重要，卻未蒐集到更多相關資料。直到一九九〇年代，心理學家彼得・薩洛維（Peter Salovey）與約翰・梅爾（John Mayer）正式提出情緒商數理論（Emotional Intelligence Quotient, EQ），將其定義為：觀察自身和他人感覺及情緒的能力，能分辨出不同的感覺與情緒，並以此作為思考和行為的依據。

時至今日，關於情緒如何運作，已發展出許多重要理論，其中我特別喜歡莉莎・費德曼・巴瑞特（Lisa Feldman Barrett），她在《情緒跟你以為的不一樣》（*How Emotions Are Made*）中，提及情緒並不是一套在我們出生時就內建好的機制，而是隨著成長，生活中的各種經驗形塑我們如何感受及表達情緒，才慢慢發展與建立起每個人的獨特樣貌。這些經驗會讓大腦成為一個「預測性的學習機器」，把新的經驗拿來與腦內既有的經驗比較。我們在當下感受到的情緒，是大腦將內部既有資料和外部感官經驗解析後所賦予的即時意義。巴瑞特博士認為，情緒是變動的，由大腦根據情境去運算及預測出你當下最應該有的感覺。這代表我們的情緒會與當下的身體感覺、環境、目標及過去經驗所留下的記憶有關，但我們通常無法意識到運算的過程。

如果成長過程中有太多負向經驗，住在可怕或缺乏信任感的環境裡，或是不曉得某些情緒或身體感覺的意義，大腦的預測能力就會出問題，長大後就得學習如何解釋與處理自己的情緒。艾莉莎的成長經驗形塑出特定的情緒運作模式，同時影響隨情緒而來的後續行為反應，以及她為什麼會如此慣於否認和壓抑情緒。如果我們不知道要如何解釋、處理、管理情緒，情緒將會對我們的內在與外在世界都造成很大的影響。

情緒如何運作

我們在經歷情緒時，也同時經歷了身體與腦部的變化、思考的變化，並產生與情緒相對應的行動或行為。

情緒不只是心理現象，還會讓身體產生反應。出現情緒反應時，身體反應也會受腦部影響，例如：覺得害怕或生氣時，可能會發現心跳或呼吸加快；覺得難過時，也許會眼眶泛淚。情緒也會促使某些肌肉不由自主地繃緊，或讓你準備好做出某些動作。太多身體上的反應都是不知不覺發生的，你甚至不知道自己正有這些反應。身體反應甚至有可能比心理反應快，因此有時可以透過身體反應來辨認當下的情緒，像是把心跳加快視為興奮或焦慮，把胃在翻騰或腦袋無法思考視為害怕或困惑。

我們的想法常隨著情緒變化，但想法也會產生或強化情緒。如果你注意到自己心跳越來越快，呼吸越來越困難，可能會開始出現「這個地方不安全」或「我需要趕快離開這裡」等充滿焦慮的想法。如果你躺在床上想著令你焦慮的事物，身體也會不由自主地以為是不是又出事了。會有這種狀況，是因為大腦不太能區分真實的威脅與想像的威脅。換句話說，是可以透過想法來誘發恐慌的。

情緒會透過行為產生最大的影響力。像恐懼之類的原始情緒，有助於維持安全與生存。假如你被一頭熊追著跑，心跳肯定會開始加快，腎上腺素從血管流到全身，啟動你的身體拔腿就跑。這類情緒反應對生存非常重要。幸好，現在已經不再過著跑給熊追的日子，但我們的大腦還停留在那樣的設定裡，因此仍有可能隨著自己認定的外界威脅程度來反應。例如有社會焦慮的人，可能會因為感覺自己被評價，身體就跟著緊繃，彷彿所有人都盯著他看，然後開始想「我得離開這裡才行！」這些身體上的感覺與焦慮想法，會讓他們逃離現場，並在接下來幾個月都盡可能避免社交情境。他們真的有遭受威脅嗎？如果他們繼續留在現場會死掉嗎？或許不會，但他們的反應看起來彷彿生命真的受到威脅，所以需要逃走。因此，學習瞭解情緒並找到處理情緒的方法是非常重要的。

不願辨認、經驗與分享情緒可能會有危險

我們會把壓抑當作情緒管理的一種策略，好讓那些不舒服的、充滿壓迫感的想法及感覺變得比較好處理或消失不見，這是許多人從小習得的情緒因應方式，長大成人後也一直如法炮製。適當使用下，壓抑確實有其效用，也可能沖淡不舒服的感覺。但太常使用，反而會傷害身心健康。

你可能會透過許多常見的方法來壓抑或忽視自己的情緒，像是：

- 吃吃喝喝。
- 服藥或喝酒。
- 透過看電視、工作或其他事情轉移注意力。
- 旅行。
- 頻繁地參與社交活動，讓自己身邊無時不刻都圍繞著人群。
- 運動。
- 助人。
- 使用正向鼓勵的話來安慰自己，或投入其他形式的自我提升。

在許多情況下，上述這些策略其實都非常好，也沒什麼問題，所以不需要以為這樣因應很糟糕。問題出在如果太常使用這些方法來逃避、壓抑、否認自己的感覺，最後只會加重情緒困擾。

有一些用來麻木自己或分散注意力的方式比較容易被社會所接受，像是：「我的工作實在太忙了！沒時間處理婚姻或孩子的事。」這種做法往往能獲得諒解與理解，是因為我們會認為：「他們工作得如此勞心勞力，也是為了家人好，所以沒關係的。」但如果透過性或藥物來麻痺與逃避情緒，免不了會倍受批評。

然而再怎麼逃，最終還是得面對原本想逃避的事物。

痛苦、不愉快、焦慮都是生活中必然的存在。逃避情緒只是短暫且表淺的解決方法。逃開那些讓我們更加痛苦、不愉快、焦慮的情緒，都是不好或危險的行為，從而降低我們面對與忍受必要之痛的能力；壓抑則是需要耗費更多心力，而且往往到最後只留下精疲力盡的感覺，更不用說每次的壓抑都得花上比之前更多的力量才辦得到。

逃避和分散注意力不同，研究證實有許多轉移注意力的技巧，可以在當下有效地幫助我們處理情緒。逃避意味著拒絕接受，想麻痺、消除或否認自己的感受。但是逃避情緒通常是沒有用的。每當你告訴自己不要去想某件事，還不是又多想了它一次；每當你試圖逃避某個情緒，最後還不是會被它影響，而且多半是加倍奉還。

長期壓抑情緒會影響身心健康，例如：

- 越不想思考的事，越常浮現心頭。
- 提高出現焦慮和憂鬱症狀的風險。
- 肌肉緊繃與疼痛。
- 噁心與消化不良。

■ 食欲改變。
■ 暈眩與睡眠問題。
■ 高血壓。
■ 消化系統問題。
■ 心血管疾病。
■ 覺得麻木或一片空白。
■ 經常莫名緊張、低落或壓力大。
■ 容易忘東忘西。
■ 當別人談論他們的感受時，會覺得不自在或不舒服。
■ 被問及自身感受時，會覺得不舒服或煩躁。

在開始辨認、感受及分享自己的情緒前，得先好好探究你傾向壓抑哪些情緒，以及如何壓抑它們：

一、首先，從生活中找出一至兩個你覺得比較難以面對的情緒。
二、你通常會用什麼方式來逃避這些情緒？
三、逃避通常有其用處，想想逃避情緒為何會讓你感覺比較好或覺得有幫助？試著將其寫下，能看到它雖然短暫卻正向的效果是很重要的。

四、接著，寫下逃避情緒的缺點，包括是否會帶來任何痛苦、折磨或其他問題？

比起壓抑情緒，你可以用更具適應性的方式來辨認、感受與分享情緒。

去體驗、去感受、去辨別

即便只是知道自己正在經歷什麼樣的感受，並試著辨認出自己的情緒，就能轉化情緒狀態，變得比較放鬆。心理學家馬修・利伯曼（Matthew Lieberman）以功能性核磁共振造影（fMRI）所進行的研究發現，當參與者試著以文字來標定情緒時，大腦內與情緒困擾有關的區域——杏仁核的活化度會減低。研究者們認為，透過語言辨認及標定情緒的過程能抑制該區域的活動，減少情緒帶來的痛苦。

在心理治療的過程中，也發現這麼做是有效的，於是我將其應用在艾莉莎身上。首先，我先帶她瞭解在經歷情緒時，可能會出現的身體反應，幫助她理解身體和心理如何對周遭發生的事情做出反應。這幾乎是她從沒碰觸過的，因此光是在這部分就花了不少時間。她覺得自己在諮商時是冷靜的，但注意到自己工作時常會覺得胸口緊繃，當某些特定同事在旁邊時感覺會更加明顯。

以下提供幾個我協助艾莉莎辨認身體反應時常用的問題，你也可以試試看。然而，若你本身是創傷事件的倖存者，或曾有解離及創傷經驗不斷重現的情形，建議你尋找可信任的專業人士或夥伴陪你一起進行：

一、選一個不會受到打擾的時間，找個舒服的地方坐著或躺下，試著讓自己感覺自在與安全。如果你能靠著牆或椅背等堅固的地方，並將腳妥實地放在地面，將有助於你感到安全。

二、你可以閉上雙眼（不閉上也可以，只要你覺得舒服和安全就好。）接著，開始進行身體掃瞄，從頭頂一直進行到腳底，並注意在過程中浮現的任何感覺。

三、當你注意到有任何地方感覺緊繃或是放鬆，不用特別做些什麼，只要知道就好，不用去評價、去詢問為什麼，也不用去分析。

四、在你身上有任何地方的感覺特別強烈嗎？是否能停留在那個部位並仔細檢視呢？你體驗到什麼感覺？有變得比較緩和還是更強烈嗎？

五、現在，停留在這個當下。環顧四周，與自己身體同在。你已完成身體掃瞄。

這個練習可以幫助你確認自己身體的狀況，好好瞭解和體驗那些感覺。如果你像艾莉莎那樣長期處在麻木或與身體失聯的狀態，第一次練習時可能感覺不到任何東西。沒關係，繼續練習就好。

在體驗過身體感覺之後，我開始帶著艾莉莎辨認情緒，以下是幾個可使用的問題：

- 如果要為這個情緒取個名字，你會將其命名為什麼？
- 如果你身體裡的這些感覺會說話，你覺得它們會說些什麼？
- 你以前曾有類似的感受嗎？如果有，那時你是如何稱呼／看待它的呢？
- 你會如何形容這個感覺？
- 試試看，當你說「我覺得＿＿＿」，有貼近你的真實感受嗎？
- 直接用「我覺得＿＿＿」「我感覺＿＿＿」來表達你的感覺。

有四千多個感覺詞彙能用來描述我們的情緒狀態，以下舉出常用的幾個供你參考：

■快樂 ■寂寞 ■擔心 ■被愛 ■失望 ■焦慮 ■放心 ■絕望

■懷疑 ■滿足 ■不開心 ■惱怒 ■愉快 ■迷惘 ■壓力大

當情緒產生之後……

在艾莉莎後續的諮商裡，我們複習如何尋找身體上的感覺並加以命名。她說自己現在比較能意識到身體體驗到的感覺，但對於如何命名或分類仍感到困擾。「我不曉得自己為何會有這些感覺，這對我來說一點都不合理。」我告訴她這很正常，我也會受此所苦，因此我們要學習如何用真實的方式來感受情緒。

艾莉莎知道她的情緒迴路如下：

- 身體透過生理反應知覺到目前的感受，並將其傳送到大腦（通常是下意識地），大腦會開始嘗試解釋這些感受，勾勒出事情的來龍去脈。
- 開始思考特定的某件事或繼續從環境中接收刺激，藉由身體也開始對這些想法產生反應，情緒經驗越來越完整，不再只是無以名狀的生理反應。

我們多半也都經歷著同樣的循環，身體和心靈共同創造出專屬於個人的情緒經驗。思考與身體知覺協助我們辨認出感覺，並決定如何運用這些訊息。倘若希望提升對行為的掌控感，就更需要讓情緒在身體裡流動，好好地感受它。太急著想做出反應，可能會對情緒做出錯誤解讀或出現心口不一的情形；若等太久才反應，則可能會過度壓抑，甚至造成生理和情緒上的損害。因此最好的方法就是循序漸進：注意到自己的身體知覺後，就開始辨認與標定自己的感覺。

「感覺」我們的感覺時，指的是我們得允許自己去體驗情緒從萌生、到達頂點、逐漸消退的整個過程。讓身體完成壓力循環，並決定如何處理這些感覺或情緒。能貼近感覺和情緒的方法，大多數都是放手去體驗，感受它在身體內所帶來的一切，而不是用理智去分析或精算。

下次注意到自己出現情緒時，試著依循我用在艾莉莎身上的那些問題，去釐清你的感覺並加以命名。接著，最困難的部分是：你不能麻痺或逃避自己的感覺，要去經驗它。

底下提供一些經驗情緒的方法作為參考：

- **動一動：**散步、伸展，用你覺得舒適的方式來動動身體。
- **練習呼吸：**既深且慢的呼吸有助調節壓力反應。你或許可以利用手機APP軟體或找心理師帶你一起練習。
- **尋找連結：**到有人群的地方，試著與他人來些隨興的正向互動，即使只是對正在幫你準備咖啡的店員說聲「謝謝」也可以。

- **微笑：**笑有助於創造與維持社會連結及調節情緒。你可以和朋友一起大笑，或是透過看趣味影片讓自己笑出來。
- **肢體接觸：**擁抱或親吻你喜歡且信任的人，又或是用雙手環住胸膛來給自己一個擁抱。安全的身體接觸有助於調節神經系統。
- **寫日記：**研究已證實，寫下自己感覺有助於管理和處理情緒，做出較好的決策。
- **哭泣：**履試不爽的超有效方法，對身心皆能達到宣洩的效果。
- **說出來：**在可信任的人或專業人士面前坦露情緒是很有幫助的事，也讓你更熟悉如何標定自己的情緒，同時有益於決策或以比較安全的方式處理情緒。
- **用創意展現自我：**藝術創作、寫詩，或是用你的雙手發揮創意，有助於處理情緒。
- **完成一個任務：**讓自己進入專注於進行某件事的狀態，像是料理、打掃、園藝，或是其他需要動手做的事情，都會帶給你成就感，也會幫你緩解千頭萬緒的感覺。
- **聽音樂：**音樂可以提振心情與動力、消除壓力，不妨視情況聽聽具有激勵效果的音樂、能令人平靜的音樂，或是聽些音樂引出你試著想經歷的情緒，例如難過時聽些悲傷的歌曲幫助自己哭出來，有時是很不錯的宣洩方法；或是在上場比賽前聽聽能鼓舞自己的音樂，振奮精神、提升士氣。
- **睡覺：**正確使用的話，睡覺可以是個好方法。睡飽了，再來關照自己的情緒，能有效地讓你冷靜下來。

■ **順其自然地去感受：**這也許會需要一些時間，但非常有效。有時候，這些感覺不見得有任何意義，你也不見得要對其做出任何反應。你只需要靜靜地待著，讓它的強度升到最高點，再緩緩退去。你越能這麼做，就越能去感受，也越不容易被感覺給淹沒或擊潰。

有時候不得不將感覺先壓下來，因為你可能正在工作或處理孩子的事，所以並不是每一次出現感覺時，都能在當下有個完整的體驗。沒關係，重點在於每周都花點時間讓自己好好地體驗與感受曾出現過的情緒。你越常這麼做，就越容易辦到。或許有一天，不須特別安排，你也能有意識地開始感覺和處理自己的情緒。

和別人談談

能感受到自己的感覺是很有幫助的，若還能與其他人分享，就更是錦上添花了。

人類是社交生物，透過情緒經驗來連結彼此和建立情誼，分享的同時也是在處理自身感受，最終都能令自己好過一些。對許多人而言，有各種原因導致他們難以表達自己的感覺，或許是從來沒有人教他們如何感受自己的情緒，或是當他們試著坦露自我時，卻遭到羞辱或忽視。我們不是生下來就知道要怎麼感覺、標定與表達情緒，更不用說每個群體裡對情緒的表達還存有諸多性別、文化規範上的差異。對我來說是「正常」的事，對你而言可能並「不正常」。

如何表達自己的感覺，討論的是他們的情感（affect），是個體根據內在情緒經驗呈現出來的外在表現。對多數人而言，情感與環境是有一致性的。例如，當你知道寵物過世了，一般都認為你會潸然淚下，或是出現某種形式的哀傷反應。有些人的情緒外在表現會顯得不合理，或是不符合多數人會有的表現，甚至很可能與內在感受到的真實情緒截然相反。

表達與管控情緒的能力會隨經驗改變或受到影響。尤其在兒童時期，某些生理上的、神經上的、心理上的疾病會損害情緒表達的能力，或是讓個體不容易以「社會能接受的方式」表達感受。腦瘤、腦傷、失智、腦部受損或頭部受創者，可能會因為大腦重要區域出現結構性損傷，難以管理和表達情緒；心理疾病如憂鬱症、思覺失調症、躁鬱症、分裂型情感性疾患，以及創傷後壓力症候群等等，皆有可能出現不合宜的情感表達。這類個體通常仍可以正常地感受情緒，卻無法用正常且適宜的方式表現情緒。他們很可能受到妄想、幻覺或錯誤思考模式的影響，但這通常能透過藥物或行為治療來作為治療的方法。

如果你一直難以表達情緒，還是該學著去感受和展現情緒。有時候，不見得能有最好的老師可以在一旁教導，但仍然有許多方法讓你可以自己實行。你得找到適合自己的方式，儘管在你的文化或居住的地方，那些方法不見得被視為「正常」。如果你正因此感到痛苦，那不是你的問題，有時候我們就是得讓自己學會如何表達情緒，也要讓身邊所愛的人瞭解我們表達情緒的方式，讓他們有機會看懂我們的情緒。

有毒正能量對我們的情緒連結能力有著非常大的影響，它讓我們太害怕自己顯得「負面」或「不懂感恩」，而怯於表達感受，這樣的壓力把我們關進一個金玉其外的牢籠裡。當然，我們不用對每個人分享自己的所有感受，也有權保有想要的隱私。然而，一旦只拘泥於報喜不報憂，就讓羞恥感有出頭的機會。成長過程中，如果不斷被灌輸要把情緒藏好，或是不該顯露任何負向情緒，可能就會覺得表達情緒只是自找麻煩，所以最好什麼都不要說；獨立是種美德，需要他人意味著不夠堅強。我的諮商室裡每天都在上演這樣的情節。許多成就極高的人，內在始終極其空虛。他們外表看起來威風凜凜、呼風喚雨，內在卻完全不知如何滿足自己的需求。他們不知道如何與他人連結或與人分享，甚至不知道自己可以這麼做。

記得，想被關注、想與人有所連結是種原始本能，什麼都靠自己並不會為你贏得獎牌或獎賞。你就算成為一個最獨立或最堅強的人，也不會有人頒獎給你。你不會因為需要別人或需要支持就變成弱者，你大可以表達你的情緒，因為你是個有血有肉的人。

如何與他人分享你的情緒

你不需要把自己的情緒分享給每個人知道，畢竟不是所有人和所有環境都適合分享情緒，有些人更不具備足夠的技巧協助你度過難關。請記得，誰都不能強迫你分享，尤其在某些特定議題上，不同的人帶給你的安全感可能也會有所差異，因此你有權力決定自我坦露的程度。如果你想與別人分享情緒，可參考以下幾點。

一、選擇讓你有安全感的人，這類人會有以下特徵：

- 與他們分享自己的感受時，不用擔心會破壞關係或受到譴責。
- 他們懂得尊重你的界線。
- 他們鼓勵你成長、改變，以及成為更好的自己。
- 他們尊重你的身體界線，不會靠你太近或隨意碰觸你。

■ 他們能接納脆弱的你。
■ 他們願意承認自己的錯誤，並對他人的回饋保持開放的態度。
■ 他們不會使用批評、鄙視來攻擊你，或令你覺得自己不該有某些感受。
■ 他們懂得傾聽。
■ 他們有足夠的能力和經驗來協助你克服自己的議題。
■ 與他們討論你的事情時，你的感覺是舒服的。

你大可在分享自我之前，先試著與他人建立關係。同樣地，你不需要對所有人都敞開心房，即使他們要求或強迫你這麼做，你也可以拒絕。你只需要與你覺得適合的人分享自己的事，如果你覺得自己當前的狀態實在太脆弱，無法承受任何不被支持的感覺或有毒的正能量，或是你覺得自己和眼前這個人的關係還不到可分享這些事物的程度，就不要勉強。不妨對他說：「我真的很想與你分享，但我覺得現在的自己無法辦到。」你可以先用其他方式來經營彼此間的安全感和連結，直到關係較為穩固可靠之後，再考慮是否要與對方分享自己的內心世界。

二、選擇適合的時間與地點：

開始分享前，務必確認所在的地點對雙方而言都是安全的。過於嘈雜或人擠人的地方很容易令人不安，因此在分享前、過程中，都要隨時注意周遭環境帶給你的感受。此外，用自己的步調來分享就好，不必非得一次講完，也不用為了節省時間而快速帶過。

三、尊重界線：

尊重你與別人的界線，因為我們永遠不知道別人曾經歷什麼，也不曉得他們會如何接收與詮釋我們所分享的內容。

四、分享情緒時，避免使用以下這些不正經或語帶輕蔑的字句：

- 「lol」（此為國外代表『大笑』的縮寫）
- 「其實也沒什麼啦，只是……」
- 「哈哈。」
- 「隨便啦！」
- 「我不在乎。」
- 「一切都很好，只是……」
- 「這對你來說也許不重要，可是……」

■「沒關係啦！」

五、讓對方知道你的需求：

■「我現在真的很需要發洩一下。」

■「我需要有人給我建議，你能幫我嗎？」

■「說真的，我只想要有人聽我說說話，因為這星期實在過得太痛苦了。」

身邊的人懂得我們的需求是很棒的一件事，可惜通常事與願違。因此我們與別人分享自己的情緒時，同時要試著協助別人瞭解我們的期待、協助他們明白可以做些什麼來幫忙我們，以及知道我們需要什麼。

六、記得，不用因為別人的反應而否定自己的情緒：

如果身邊的人忽略你的需求，或是不認同你的感受，並不代表你做錯了什麼。你可能只是需要換個人傾訴或是和心理師談談，千萬別因此就關起心門什麼都不說。

過度展現 vs. 過度壓抑

利用本章談到的技巧來幫助自己感受和表達情緒，有助於促進心理健康。與此同時，我們也需要在過度展現情緒和過度壓抑之間，謹慎地找到完美的平衡點。長期壓抑情緒可能導致解離、慢性疼痛或疾病、難以與人有效溝通、不易與人建立關係、失眠、出現闖入型意念[1]。因此學習如何辨認情緒、釐清感受並用健康的方式表達出來是很重要的。

遺憾的是，過度展現情緒也會對生活造成負面影響。如果你老是在工作場合哭哭啼啼，或把所有感覺都化為文字發到網路上，很可能會產生不良的副作用。我們對情緒表達的期待，可能會因文化、性別和情境而有所不同。在家裡，你或許可以很自在地對伴侶坦露情緒，但在重要的工作會議上，你可能得適度地隱藏情緒。我們不可能在所有人面前、所有地方、所有情境下都將自己的情緒展露無遺，所以如何拿捏情緒表達的尺度、找到最適用於自己的方式是非常重要的。

想一想

① 在你的生活當中，有哪些人能讓你安心地與他們分享情緒呢？

② 生活中有哪些方面的情緒，是你需要改變或適度隱藏的呢？

③ 生活中有哪些方面的情緒，是你能自在盡情分享的呢？

④ 有哪些文化規範會影響你表達情緒？你會想將這些規範納入生活裡嗎？

⑤ 有任何性別規範會影響你表達情緒嗎？

⑥ 你在哪些人面前，或在哪些場域裡會比較難以表達情緒呢？

上述問題能協助你判斷當前的時機與地點是否適合分享與展現情緒，畢竟我們表達情緒是為了被瞭解、獲得支持，而不是要將自己暴露於險境之中，或讓自己感覺更糟，所以「天時地利人和」是非常重要的。

譯注① intrusive thoughts。強迫意念，常見於強迫症患者，表現為腦海中不受控地反覆出現某些念頭或畫面。

“

唯有滿足於你擁有的，
人生才會圓滿。

When you love what you have,
you have everything you need.

”

你不需要愛你生活的每個部分，
也不用強迫自己滿足於短缺的狀態，
或明明沒有被好好對待，卻仍要感激涕零。
容許自己對眼前的一切心懷感恩，
也繼續渴望想擁有的一切。

chapter 06

如何有效抱怨？

抱怨可說是人人避之唯恐不及。許多文章和大師堅持，太常抱怨會「降低你的振動能量」，讓你無法實現夢想、交不到朋友，或是不能過想要的生活，所以建議你盡可能減少生活中的負能量。尤其是那些會抱怨的人，最好也離他們遠一點。

雖然我們會盡全力戒掉壞習慣，但抱怨是人人都會做的事，因為它是我們用來與別人互動和建立情感連結的方式之一。當我們分享自己的感受，會激發出聆聽者的同理心，於是彼此之間就有了連結。我們會透過抱怨讓別人瞭解我們的需求、如何滿足我們的需求，也會從中得知哪些事情對自己而言是重要的，以及會為哪些事感到困擾。

就目前所知，過份壓抑情緒或避免抱怨，對健康和幸福感都有不好的影響。當然，過多抱怨也同樣會帶來不良影響。因此關鍵在於找到平衡點，進行有效的抱怨。

花一點時間思考你和抱怨的關係：

- 你可以很自在地抱怨嗎？
- 抱怨完的感覺如何？
- 在你成長的過程中，身邊的人是如何看待抱怨的呢？
- 別人在抱怨時，你會有什麼感覺？

每個人皆有獨特的抱怨方式，這與性格、性別、文化規範、生活經驗有關。許多議題某些人覺得可以抱怨，對某些族群來說卻不適合。而且每個人對抱怨的耐受度不同，就連你也是這樣。你也許可以聽某人抱怨或試著同理他，但當你覺得夠了、快聽不下去了，代表你的極限到了。

你懂得怎麼抱怨嗎？

抱怨是指表達對某些事物的不滿或煩惱。它本身不是件壞事。我們都會不滿意或苦惱生活中的某些層面，試著將它表達出來其實是好的。

人都喜歡抱怨。之所以知道這點，是因為我每周都陪著人們發洩、抱怨、處理問題，並從中獲得報酬。人們想來找我的理由中，最常見的就是需要有一個可以發洩的地方。山姆（Sam）也是為此而來。只是大部分人認為的抱怨，在我看來其實是反映出個體的需求及其重視的事物。

山姆的抱怨內容包羅萬象，包括事業夥伴、妻子、經濟狀況、孩子。儘管他每次晤談都不斷抱怨，但需要的時候，他依然有著感恩的心和自省的能力，也願意為自己的行為承擔責任。他喜歡分享與尋求認同，而這些分享對他來說是一種發洩，只是有時候我也會擔心他會不會抱怨得太多，以至於我們的晤談變成宣洩大會，無法聚焦於某個特定的目標來進行治療與改變。

我會聽見自己腦袋裡冒出：「拜託，惠特妮，插手處理一下吧！他需要改變啊！打斷那滔滔不絕的抱怨，給他一些建議吧！」總會有些時刻，我會不自覺地向這個聲音投降，真的在當下進行介入，但每次都為此後悔不已。

最近一次，山姆抱怨的是妻子整理待洗衣物的方式。當我打斷並詢問他，抱怨這些對狀況是否有幫助？然後嘗試將晤談焦點轉回如何與妻子建立界線時，他身子明顯往後退了一點，一副腦袋還轉不過來似地看著我。他張著嘴，我看不出他的表情是困惑還是惱怒，只知道我顯然打斷他的思緒了。此時此刻，他只希望我好好地聽他說完，並沒有準備接受我的建議。坦白說，他從沒要我提出任何建議。

在之後的諮商裡，我和山姆開始討論他為什麼那麼想要在晤談過程中尋求認同，這似乎是他在家裡一直無法得到的。我們也同時一起試著思考在治療之外，他還可以在什麼地方獲得認同，包括自我的認同。這些正是宣洩與抱怨帶來的治療價值。

於是我在記事本上寫了些字句，提醒自己忽略腦海裡響起的那些聲音，不要過早打斷個案說話，因為只要隨順個案的步調而行，治療過程中所發生的一切皆有意義。

其實我們都是山姆。

瞧瞧四周，有人抱怨高速公路上未完成的施工，有人抱怨討厭的老闆，有人抱怨在路上超車的傢伙，甚至有人抱怨那些總是抱怨個不停的朋友。

我們抱怨太多嗎？或許。

我們是不是沒有有效地抱怨呢？大概吧！

但說真的，從很久很久以前，人類就會透過抱怨來宣洩與建立連結，這個做法永遠都不會消失。

抱怨到底好不好？

所有事情都是物極必反，因此太多抱怨對心理和生理都可能造成負面影響。除了不停反芻負面想法往往會生成更多負面想法，過多抱怨也會造成體內分泌太多壓力荷爾蒙「皮質醇」。研究證實，皮質醇會干擾記憶力和學習，也會降低免疫系統功能，增加血壓與膽固醇。此外，太常抱怨與反芻負向事件，也可能讓人一直糾結在問題裡，變得更難與他人建立連結。太常抱怨最常造成的結果，就是對人際關係造成不良影響，因為接收到抱怨的人會覺得很煩。我們自己也許很愛抱怨，但要聽別人大把大把地抱怨，可不是件容易的事。

至於抱怨到什麼程度才算太過分呢？這不僅因人而異，也與個人氣質、性格、生活經驗及基因有關。例如，性格特質中的親和性（agreeableness）就與低抱怨程度有關。外向者對社交情境上的細微變化比較敏銳，能察覺自己的抱怨是否已經引起他人反感，因此會在對方受不了之前就停止；即便心裡不滿到極點，外向者仍會為了維繫關係、獲得社會認同，克制自己不要太常抱怨。

想確認自己是否太常抱怨，最好的方法就是審視這些抱怨如何影響你的生活。過度抱怨最終會讓你感覺變差且困頓不前。它並沒有讓你變得自由、與他人建立連結或讓你覺得解脫。相反地，它讓你覺得自己被困住了。無論是太常抱怨，還是太過壓抑情緒，甚至是刻意保持正面積極，對健康都不好。適度抱怨能讓你看到什麼是重要的，也能讓世界因而改變，幫助你從他人身上獲得重要回饋，從而有效地處理自身情緒。

人類為什麼要抱怨？

我的個案在抱怨時，常會先說：「我知道自己不應該抱怨，但是……」聽到這樣的開場白後，我往往會於第一時間反問：「你為什麼會覺得自己不應該抱怨？」

想想看，如果你很想分享一件事，也明知這個分享對你是有意義的，卻會對自己想要分享的需求感到羞恥或罪惡，這當中肯定有值得進一步探討的東西。「抱怨」在日常生活中，有其存在的意義，若能有效運用它，會帶來極大助益。

抱怨通常有兩個目的，其中之一是想透過抱怨來改變某人的行為，好讓自己感覺舒服一點，因為很多時候，抱怨是我們發洩挫折情緒的方式。某項研究請不常抱怨的人針對近期的生活，分別記下無傷大雅的事件及令他們不滿的事情。結果發現能撰寫不滿時，他們會感覺比較好。企圖壓抑情緒，常導致個體不斷反芻同樣的情緒或是放大問題，因而突顯出分享與允許抱怨有多重要。而練習寫下對問題的不滿或抱怨，也讓我們學著涵容這些議題。

你可以找個地方坐下來，審視那些令你困擾的事物。白紙黑字地寫下來，就能慢慢地從那些事物抽離出來，將它們拋在過去。倘若面對的是比較大的議題，可能會需要更強而有力的介入，但針對各種比較小的不滿，光是把它們寫下來就已經很療癒了。

並不是所有的抱怨都在表達不滿，我們也會藉由抱怨來塑造他人對自己的觀感。你或許有朋友常在餐廳裡抱怨紅酒的品質，好展現他的品味非凡，或是抱怨最近旅遊時入住的飯店爛到絕對不會再去之類的，這些都是以抱怨來營造優越形象、讓自我感覺更良好的典型表現。抱怨某件事物「不好」，能展現出我們的權威，建立我們的地位，同時反向驗證出什麼是「好的」。這類型的抱怨有助於形成我們的人物設定，創造隸屬於某個群體的歸屬感。仔細檢視你與別人對談的內容，相信你會對自己有所發現。

在討論正向事件之前，我們也很常用抱怨當引言。不只我會這麼做，我的許多個案也都是如此。寫這本書時，我就用了許多抱怨來切入正題。

這種狀況其實很常見，例如結婚、懷孕其實都是生活中的正向事件，但人們在開啟這類話題之前，總免不了要先抱怨一下由其而生的壓力或不舒服。其實從這個角度來想的話，一切就很正常了：我們超想與別人分享這些開心的生活事件，又不想讓別人覺得我們很優越或是在自誇，所以先抱怨一下：「天啊！結婚好花錢！請客費用貴到讓我超傻眼！」如此一來可以創造出一個空間與機會，讓我們既與別人在這個話題上有一些社會連結，又能進一步討論這個對我們而言很重要的話題。

我們也會透過抱怨來蒐集別人對某些議題的意見和想法。像是刻意在同事面前抱怨關於老闆的事，很可能是想趁機瞭解其他人對老闆的想法，並得知這間辦公室裡有哪些可能的盟友與敵人，而你的抱怨也是與盟友鞏固關係的契機。除此之外，也能同時評估在這些人面前，未來可說與不可說的有哪些。像這類型的抱怨，多少有助於彼此的社會連結，也會讓我們覺得自己被看見、被聽見、被接納。

另外一個讓我們想抱怨的原因，是內心渴望被同理、被關注。

想想你所抱怨的事物，當你分享這些不滿時，想要的是什麼？我相信你多半是想尋求別人的認同，像是「對啊！超討厭的！」或是實質上的協助。抱怨可以用來表達我們的需求，並讓別人知道該如何助我們一臂之力，這就像在說：「嘿！看過來！我好需要你們的幫忙！」讓身邊的人瞭解我們的痛苦與描繪出我們正在經歷的困境為何。如果你從不抱怨或分享自己的困擾，他人就不可能知道你是否需要協助。我認為這類型的抱怨是最重要的，因為它有助於我們在群體中獲得支持，也有助於我們去同理別人。

我們之所以抱怨，最重要的用意或許是要求別人扛起他們的責任。小至希望餐廳不要弄錯你的餐點，大至希望政府兌現曾有的諾言。不滿被聽見，事情才有機會改變，但這類不滿情緒的分享卻常被視為「負能量」而遭到忽略。別忘了，歷史上多數重大社會運動皆起於人們的不滿，有人注意到並指出事情不對勁，再鼓起勇氣訴諸公義。由於這類不滿與抱怨會迫使我們回頭審視自己的問題、承認錯誤，更要耗費心力去處理，因此往往不受歡迎，更不用說很容易遭到抵制。然而，如果希望世界朝更好的方向前進，就有必要傾聽這類型的抱怨。

抱怨讓我們覺得舒坦、影響別人對我們的看法、建立社會連結、幫助蒐集情報、鼓勵人們同理，更有助於產生真正的改變。抱怨在我們的生活中扮演極其重要的角色，只要我們正確地使用它，便能獲益匪淺。

聽別人抱怨為什麼會心煩？

抱怨迫使我們面對現實生活中的問題，但因為面對那些困難時，我們往往覺得很無助，所以抱怨也會帶出複雜的情緒。聽著人們高喊社會對自己的不公不義時，有時候會很想叫他們閉嘴。因為他們的訴求，點出我們是既得利益者，而被迫承認這個真相時，面對良知與對此事的無能為力會造成我們的痛苦，於是我們傾向轉移焦點談論其他話題，只因為不想聽到有人因為我們擁有太多而憤怒。

聆聽別人抱怨時，很容易就讓自己覺得不舒服。在不明白對方為什麼不滿、想從我們身上獲得什麼時，這種不舒服的感覺會更加強烈。

有幾種類型的抱怨特別容易令人感到困擾，其中一種是精神科醫師艾瑞克・伯恩（Eric Berne）提出的「拒絕幫助的抱怨者」（help-rejecting complainer）。這類型的抱怨者宣洩完不滿後，往往會對得到的建議說：「我知道，可是……」並拒絕別人後續再提出來的任何解決方案。

早期與這類型的個案工作時，我會致力於繼續尋找他們可能會接受的介入策略。然而，他們想要的根本不是「解決問題」。他們可能只是想要被同理、被注意，只是旁人很容易誤以為他們想要尋求建議或協助，就不斷給出一個又一個的建議，直到其中一方或雙方都因為挫折感太重而放棄。

我們都曾做過這種事，對吧？因此，在提供解決方案前，最好先問問抱怨者是否需要建議。他們多半只想要情感上的支持、理解或認同，所以選錯時機給出建議，很可能會讓抱怨的人覺得不被理解、被拒絕，而他們的反應更可能讓立意良善的建議提供者覺得惱怒、不被感激、無助。這樣的循環基本上不會有好結果，若又缺乏良好溝通，只會招致更多挫折，往後再遇到同樣的人來抱怨，聆聽者的容忍度也會大幅降低。

抱怨是會傳染的。聽完某人的抱怨後，我們可能會覺得自己也需要解放一下，於是找其他人討論，講著講著便抱怨起我們聽到的抱怨。如果聆聽者吸收所有的抱怨，將可能出現情緒反芻。聽了一整天的個案抱怨後，我也可能會想宣洩情緒，所以我需要有自己的社交圈和個人治療師。因為把這些抱怨通通納為己有，又不與任何人分享感受，我很快就會耗竭，也難以繼續當個好的聆聽者並給出同理。

抱怨有時會誘發「我比你慘」的現象，也就是別人想用自己的抱怨來蓋過你的。像是你正在抱怨自己背痛，朋友卻說：「拜託，你那算什麼，我的腳痛得要死，幾乎無法走路！」發生這種現象的時候，雙方很可能都會覺得自己不被瞭解也沒被聽懂。有時候，分享自己的經驗可以形成普同感（universality），也可以正常化彼此的感覺，但要小心別弄巧成拙，不然無法互相理解就算了，還成了抱怨大賽。

談論不愉快的事是有難度的，有時更會令人覺得痛苦到快崩潰。但能有人好好聆聽與同理的狀況下，試著講出負面經歷和感受是有機會帶來療癒的。

我很好奇，如果都不逃避，帶著同情與善解的態度對話，深入探究事情的來龍去脈的話，會發生什麼事呢？

你的抱怨是在解決問題？還是製造問題？

不管山姆來治療時是在發洩情緒還是抱怨，話題通常都離不開他生活中最重要的事物：家庭、工作、健康。他鮮少會談到交通或天氣。

我相信當他抱怨某些事情時，表示那件事對他來說既重要又別具意義。我們可以在各種小事物上尋找意義，但背後可能有更大的議題存在。只要更深入地檢視抱怨內容，往往會更瞭解藏在底下的情緒問題。這讓抱怨的存在變得更有價值，也讓抱怨成為一扇通往內心的門，透露出一個人擔心、渴望以及看重的事物。抱怨讓我可以對症治療，瞭解個案的價值觀與困擾所在。

抱怨能引領我們進入一個人的內在世界，絕對值得加以注意與探索。

當然，抱怨的效益也是有限的。固定每周諮商，透過抱怨來體驗被他人瞭解的感覺，或許可以進一步找到改變的方法，但抱怨如果成為生活常態，就不見得有用了，你反而會開始抱怨生活中各種芝麻綠豆大的小事。因此，請一定要先瞭解抱怨是在幫助你解決問題，還是讓你深陷在問題之中。

我喜歡把抱怨分成「高階抱怨」（high-level complaints）與「低階抱怨」（low-level complaints）。高階抱怨涉及對生活有重大影響的內容，低階抱怨基本上就是日常瑣事與挫折。你可以決定哪些抱怨對你而言是高階，哪些屬於低階。

「低階抱怨」常是在抱怨以下這些東西：

- 天氣。
- 交通。
- 討厭的同事。
- 在餐廳裡吃到冷飯冷菜。
- 腳痛。
- 在超市結帳時被插隊。

如此一來，我們就能劃分出高階抱怨了。高階抱怨裡囊括了許多對你來說很重要的事，且往往與和他人建立連結有關，非常值得關注與進一步瞭解。

「高階抱怨」的內容多半與以下元素有關：

- 與死亡和失落有關的事。
- 不孕。
- 種族歧視、性別歧視、恐同症、殘障歧視、體型歧視、階層歧視。
- 疾病與殘障。
- 嚴重的關係問題、分手或離婚。
- 家庭鬥爭或疏離。
- 職場困境或失業。
- 創傷事件後遺症。
- 親職教養的困難。
- 懷孕和產後的狀況。
- 心理疾病。

以上這些都是生活中的重大議題，因此談話涉及這些內容時請務必認真看待，試著好好傾聽隱藏其中的需求。通常不外乎是想尋求情緒的出口、人際上的慰藉，或是想在生活中做出重大改變。

有些事是真的值得抱怨的。

你是否卡在抱怨迴圈裡出不來？

找不到解決問題的方案、覺得自己沒有被聽見或支持、難以接受現實時，我們會特別容易陷進抱怨的迴圈裡出不來，不停打轉，遍尋不著出口。一旦進到抱怨迴圈裡，抱怨就無用武之地了。

你可以透過以下幾個徵兆來確認自己是否陷入抱怨迴圈：

- 你不斷複述同樣的事情，描述方式或抱怨內容幾乎一成不變。
- 你覺得自己被困住了。
- 你用非黑即白的角度看事情（例如：我找不到其他工作啊！我會永遠待在這個老

闆每天對著我大吼的鬼地方）。

- 人們開始覺得你很煩、不想聽你說話，或說你講來講去都在抱怨同樣的事情。
- 發現抱怨後情緒不再舒緩，也無法增進你與別人的連結。
- 你的抱怨開始像唱片跳針一樣不斷重複，甚至近乎偏執。

倘若你發現自己的抱怨開始發生上述情形，可以試試以下幾個小撇步：

首先，**試著找到問題的灰色地帶**。抱怨迴圈通常有非黑即白的傾向，而且常會出現「總是」「從不」「不行」「不會」等頗具絕對性的字眼。一旦發現自己有這種傾向，試著開始思考這件事是否還有其他可能性或一線希望。會不會還有沒看見的部分？也許可以給你的想法或當前的情況再多一些彈性。

多使用「不過」這個詞，也有助於跳脫抱怨迴圈。舉例來說，你很不滿母親從來不聽你說話，你的感覺是如此，你的母親可能也真的「從來不聽」。試著在描述裡加入「不過」，會讓你找到力量，像是「我媽從來不聽我說話，不過我的伴侶會聽」「我媽從來不聽我說話，不過我朋友會聽」。這句抱怨除了認同自己說的話不被母親聽見時你有多難過，也為自己多加上一個具有支持性的聲明，讓狀況存在些許不同的可能性，變得不那麼悲涼。如此一來，你的世界裡將有好有壞，也有灰色地帶。

有時候，我們抱怨的內容非常貼近現實。當你面對的是重要他人的死亡或突如其來的殘疾，並沒有什麼灰色地帶可言，因為這真的很痛苦，一切再真實不過。雖然這些事情可能教會你適應、正向積極，但你多半沒準備好面對這些。有毒的正能量只會要你往好處想、心懷感恩。這半點用處都沒有，把它擱到一邊去吧！還不如**練習所謂的「全盤接受」**（radical acceptance）。

「全盤接受」是辯證行為治療（Dialectical Behavior Therapy, DBT）創始人瑪莎・林納涵（Marsha Linehan）開發的技巧，用以忍受痛苦。全盤接受，承認痛苦是人生無法避免的一部分，試著反抗只會引來更多痛苦。

我相信「全盤接受」可以化解有毒正能量的毒性。當然，使用這個技巧並不代表同意、支持或宣示我們喜歡現況，而是接受「即使不喜歡、不同意都無法改變現況」。我幾乎會帶每位個案進行這項練習，我自己也會這麼做。

林納涵博士提出「全盤接受」的十個步驟，循序漸進地練習，就能慢慢脫離痛苦的狀態，進而開始接納現況：

一、注意到你在質疑或反抗現實（如：「這不公平」）。

二、提醒自己這些令人不愉快的狀況已是既定事實，無法改變（如：「事情都到這個地步了」）。
三、提醒自己事出必有因（如「事情是這樣發生的」）。
四、練習接受自己的所有面向（身、心、靈），使用促進接納的自我對話、放鬆技巧、正念以及／或是想像（imagery）。
五、接受事實後的你會採取什麼行動？寫下這些做法然後實際進行，彷彿你已接受所發生的一切。
六、想像自己相信那些原本不想接受的事，也想像當自己接受原本看似無法接受的事實後會做些什麼，並在心裡演練你可能會做的那些事。
七、思考自己需要什麼時，注意身體出現什麼感覺。
八、允許自己失望、難過或悲傷。
九、認同人生雖然會有痛苦，依然值得好好活著。
十、發現自己抗拒練習接受時，請進行損益分析。

說真的，人生本來就不公平，有一堆狗屁倒灶的事和數不盡的挑戰，要全盤接受本來就很難，所以我們都有可能陷入抱怨迴圈裡出不來。

聽起來很沉重，對吧？但事實就是如此。

越是期待公平或責備自己無法正向思考及顯化美好事物，現實與期望的落差帶來的痛苦就越大。因此，即使你覺得自己難以接受現實的苦不堪言，也請對自己溫柔以待，試著先在黑白之間尋找灰色地帶，在抱怨裡加上「不過」，然後學著全盤接受。

一步步練習，你會慢慢走出迴圈的。

讓你的抱怨發揮效用

適度且有效的抱怨能避免我們落入無止盡的抱怨迴圈。長期研究抱怨行為的羅賓·柯瓦斯基博士（Dr. Robin Kowalski）發現，因為希望能達到某種結果而抱怨的人，會比其他人快樂。

換句話說，當抱怨者表現如下時，他們的抱怨可以帶來最大的效益：

- 引用證據且符合邏輯。
- 知道自己期待的結果為何。

■ 知道誰有能力讓所期望的結果成真。

表現出上述三點，你也能讓自己的抱怨不再只是抱怨，而是成為讓事情變得更好的工具。

有效抱怨的八個小撇步

一、想清楚到底**是什麼讓你不滿**？

二、**訂定目標**：

■ 你希望某人能意識到這件事嗎？

■ 你希望做出改變嗎？

■ 你希望被聽見嗎？

■ 你希望被認同嗎？

■ 你需要建議嗎？

三、**選擇適合的聆聽者**。這件事誰能幫你的忙？誰能瞭解你或同理你？與其老是找同樣的人抱怨，不如找一個可以認同或幫忙你達成目標的人。

四、**決定值得抱怨與否**。思考哪些問題對你而言是真正重要的，再針對這些部分適度地抱怨。

- 針對這個問題，如果你抱怨，會發生什麼事？
- 針對這個問題，如果你不抱怨，會發生什麼事？

五、**承認自己有可能為了尋找連結而抱怨**。除了抱怨，是否能藉由分享別的事物來與他人建立連結呢？

六、**寫下來**。若你覺得很難把持抱怨的衝動，寫下來是個相當好的方法。研究發現，將抱怨文字化有助於聚焦和組織我們的經驗，進一步瞭解發生的事並找到因應方法。

七、盡量**直接談論**你的問題。

八、請記得，世界並不公平，肯定有人會為了顯示自己的優越感而說你「充滿負能量」或「愛抱怨」，因為永遠有人過得比你還糟。**不要受影響**，繼續把重心擺在你想談論的問題和希望達成的目標上就對了。

我們做的這一切都不是為了不再抱怨，而是試著讓抱怨變得更有效益、更容易被接受。當我們以有效的方式抱怨或表達不滿時，就有機會加深與他人的關係、獲得支持、成就我們渴望的改變。

一旦開始試行以上八個有效抱怨的小撇步，就會越來越上手。習慣成自然，你的抱怨也會越來越一針見血，不再只是挫折下的碎碎念。

Toxic Positivity

想一想

花些時間想想「抱怨」在你的生活中扮演著什麼樣的角色，以及你通常如何處理情緒？試著開誠布公地回答以下問題：

① 你很常抱怨嗎？通常都抱怨些什麼呢？你的抱怨屬於高階抱怨，還是低階抱怨？

② 抱怨在你的生活中扮演著什麼樣的角色？抱怨完會讓你感覺好一點，還是更糟？會讓你覺得與別人的關係更親近了，還是更疏離呢？

③ 你在抱怨時，是否覺得觸動了內心深處的什麼呢？

“

所有事情會發生，都有它的道理。

Everything happens for a reason.

”

並不是發生的每件事情都有意義，
有些事情就是發生了，找不到什麼值得學習的價值或教訓。
當你準備好，
再決定如何面對、如何思考它的意義，
並將它整合到生命經驗裡。

chapter 07

如何給出安慰與支持？

要支持我們在意的人其實並不難，可惜我們總是太害怕自己做得「不對」，因而陷進自己的情緒或過去的失敗經驗裡；又或者從來沒人教我們該怎麼做，以至於我們搞錯方向或連試一下都不肯。本章將會帶你瞭解如何善用自己的影響力和意圖，解讀不同類型的支持帶來的效果，釐清什麼才是真正的支持，並學習如何傾聽、認同和表達支持。你或許仍會犯錯，畢竟你是凡人，不可能每次都完美，但你將有機會學到許多實用工具，指引你如何幫助自己以及你所關心的人。

你只是想幫忙，卻反而傷害對方？

有時候我們試著幫助別人卻失敗了，甚至搞砸了。或許是別人完全誤解我們的意圖、也可能是他們不想接受協助等等。有時也許是我們沒有先好好聆聽對方的需求就急著伸出援手，以至於讓對方覺得我們太粗魯或太強硬；有時雖然我們親切和善地靠近，對方依然拒絕，單純只是他們還沒準備好接受幫助而已。還記得先前提過的山姆嗎？當我試圖介入與處理而打斷他的抱怨時，就是像這樣的情形。我的態度很溫和也很有耐心，一心只想幫忙，但他並不喜歡我的做法，因為那不是他想要的。身為提供協助的人，很容易因為熱臉貼冷屁股而格外挫折。也因此，如果你的意圖與影響力不一致，就需要回頭檢視是哪裡出了問題。

該怎麼說、該在何時說，是最大的難題。到社群媒體上隨手一滑，就能找到一堆文章宣稱什麼才是「正確」的說法、什麼是「錯誤」的。好像幫助別人有一堆規則，而且還不斷在改變，搞不好你在看這本書時，也會有一種好像怎麼做都不對的感覺。這其實很正常。我希望你瞭解世界上沒有最完美的做法，因為每個人都有自己的偏好與地雷，包括你在內。例如我很討厭別人在我哭的時候碰我或抱我，但你也許很喜歡。這就是為什麼我們在幫助別人時，應該盡量減少照本宣科的做法，而是多多仰賴自己帶有惻隱之心的好奇。

假設你買下這本書，是想知道如何給出更多幫助與支持的善意，所以不太能理解「影響力比意圖還重要」說的是什麼。如果有人毫不考慮你的心意，就指控你的做法傷害到別人，你大概會馬上跳出來，用底下這些話捍衛自己：

- 「我只是想幫忙。」
- 「我不是故意傷害你的。」
- 「哪有這麼誇張！」

■ 「我是為他好，你看不出來嗎？」

■ 「好吧，看來你不需要我的幫忙。」

■ 「你誤會我的意思了。」

有沒有很耳熟？

如果你自認為善良、樂於助人又善解人意，受到類似指責時肯定會特別難受，甚至開始自我懷疑。但即便是身為心理師的我，不斷受訓培養具同理心的傾聽和助人技巧，也依然可能做錯。所以請花些時間，深呼吸並試著告訴自己：

一樣米養百樣人，即使是幫助別人，也難免會有無法一次到位的時候；但是沒關係，我會試著放下防衛，繼續透過探問和傾聽來瞭解對方。

只要接受自己不是個完人、不可能樣樣完美，一切都會簡單得多。

意圖與影響力並非毫不相關，雖然影響力比意圖重要，卻不代表可以忽略意圖。事實上，研究已證實意圖的重要性。近代研究讓受試者接受相同程度的電擊，其中有部分受試者認為電擊是有人故意為之，另一部分受試者則認為電擊是誤觸。結果發現，前者感受到的疼痛程度居然高於後者。當我們把別人造成的傷害視作「蓄意為之」，會更容易責怪與懲罰他們。

《科學美國人》的專欄作者梅蘭妮・坦南鮑姆（Malanie Tannenbaum）指出，我們的執法系統也深受這種傾向的影響。例如，同為殺人罪，又區分為過失殺人與謀殺兩種，前者是意外使人喪命，後者則是心懷惡意且企圖運用某些方式殺害他人。由於兩者的最低量刑標準落差甚大，因此雖然結果都導致他人失去生命，加害者的意圖卻成了訴訟辯論的重點。

影響力與意圖並存於腦內，密不可分。

研究發現人們比較容易原諒情有可原的犯罪行為。以闖紅燈為例，一個是因為身懷毒品需要躲避追緝，一個是因為孩子生病急著趕回家的母親，我們會比較無法原諒前者。明明他們都闖了紅燈，卻因為背後原因不同，讓我們的感受與想法跟著不同。研究結果並不認為蓄意傷害造成的傷害程度就比較嚴重，事實是，兩者造成的傷害程度往往相同。因此，同時考量影響力與意圖顯然有其必要性，才能幫助我們瞭解衝突或傷害背後的意義，並更進一步瞭解我們需要及想要什麼。

在能力可及範圍內修補關係

你的出發點明明就是好的，卻由於沒有抓對重點而講錯話，導致有人覺得被你傷害。先不管你是不是好人、有心還是無意，如果你在意這段關係、想處理這個衝突、想與對方達成共識，那麼當務之急就是先處理對方受傷的感覺，之後再解釋和進一步瞭解到底是怎麼回事。如果這段關係早已無可救藥，你也不打算和對方取得共識，直接轉身離開也無所謂。你可以根據自己的狀況及判斷來決定是否需要進行以下步驟。

首先，先對情緒做個檢傷分類。如果你讓對方覺得很受傷，不管你多麼為他好，都先試著這麼做：

■ **把你的自尊擱到一旁。**我知道這很難，你或許覺得他們是無理取鬧，但請放寬心，你只須接納他們的觀點，不見得要認同。

■ **接納他們的觀點。**再次重申，你不須認同，只須接受他們有這樣的感覺和想法就好，像是：

「我知道了，我希望能再多瞭解一些。」

「你會有＿＿＿＿的感覺是很合理的。」
「謝謝你告訴我這些事。」

■ **嘗試瞭解。**等對方準備好了（可以向對方多確認幾次），再試著更進一步瞭解事情的來龍去脈，對狀況會有所幫助。你可以朝以下幾個方向去瞭解：

——你對他們造成什麼影響？
——為什麼會有這些影響出現？
——如果希望事情有所不同，可以怎麼做？

■ **修補關係。**考量到傷害的程度與事件的不同，需要修補的程度和方式也會有所差異。你可以試試以下做法：

——接納他們的感受與發生的一切。
——道歉並為自己的作為負起責任。
——討論出彌補方法，以及如何預防再次發生。

■ **分享你的看法。**只要對方覺得自己的感覺有被聽見和理解，就有可能願意敞開心房聽聽你的想法，包括你的用意及背後考量。也許在某些情況下不太適合分享這些，但也有些情況非常適合，甚至會帶來意想不到的效果。總之，避免一味替自己辯護或講出「我只是想幫忙」「我不是故意傷害你的」等等。

進行上述步驟時，有時可能會需要休息片刻，喘口氣再繼續往下走，也有可能需要重複進行相同的步驟，這都很正常。最重要的是抱持著開放的態度去傾聽、學習、研究如何做得更好。記得，唯有大家願意一起參與，才有辦法執行這些步驟。如果你遇到的人有情緒虐待傾向，或無意協助你瞭解他自己，這一切很可能都只是白費工夫。

只是想分享，怎麼會傷害到你？

我們明明立意良善卻很容易失敗，就是與人分享自己的感覺、擔心或建議的時候。分享自身感受是件微妙的事（尤其是分享非常個人或敏感的話題時），有時它有助於修復關係，讓雙方關係更加緊密，有時卻會因為其中一方未能聽懂而使雙方更加分歧。

分享，是另一種你不可能每次都做對的溝通方式，但仍有一些減少風險的做法。

如果你希望能在不傷害他人的前提下分享自己的感受，不妨參考以下這些方法：

- 試著把焦點放在自己的經驗與感受，避免以「你」開頭而多用「我覺得」。
- 冷靜表達，不要大吼大叫。
- 避免謾罵或羞辱他人。
- 慎選用詞，事先想好自己要講的東西更好。
- 明確表達你的感受，以及是何種信念讓你有這些感受，可以透過舉例來協助他人理解。
- 思考這場對話的目的，包括你希望對方知道或瞭解什麼？你希望事情能因此有什麼不同？
- 聽聽雙方說法，如果對方願意尊重和對話，他們的意見或許會對你有幫助。
- 即使你都想好了，也都以正確的方式表達和分享，對方仍可能誤解你的意思，所以把注意力放在能掌握的部分就好。

我要特別提醒，就算照著本書內容將每個環節都做對，狀況仍可能不如預期，因此把心力放在如何處理好自己的部分就夠了。畢竟無法控制他人如何解讀我們說出口的話，能做的只有盡可能將我們的價值觀分享出來。如果你分享了一些事，別人覺得受傷或有所誤會，你可以利用上面出列的幾點來檢視自己的做法。當然，你也可以試著詢問對方，請他們協助你釐清怎麼做或怎麼說，比較能夠如實傳達你的意思。

要與他人互動，這些不能少

想表達對自己或某人的支持，重點不在於講出「正確」或「完美」的話，因為你可能需要考慮對方是誰、談話的主題是什麼，以及整體的環境，才能決定要講什麼。但你還是可以在溝通的過程中，盡可能納入以下四種基本要素：

- 好奇（Curiosity）
- 理解（Understanding）
- 接納（Validation）
- 同理（Empathy）

好奇意味著我們願意探索身邊的人與自己，像是探索哪些事物會讓我們有安全感、覺得被支持，或是希望別人怎麼協助我們，以及身歷險境與痛苦時我們需要的是什麼。這些都會隨我們的生命經驗變動。好奇就是會探問、會對改變保持開放的態度、會知道我們永遠不可能完全瞭解自己與他人；好奇能開啟通往理解、接納及同理的門。

我們可以藉由以下方式表現出自己的好奇：

- 使用開放式問句，例如「你能再多說說關於＿＿＿＿的事嗎？」「如果你想談談今天發生的事，我很願意聽。」
- 善用積極傾聽的技巧，包括點頭、眼神接觸、專注等非語言的表達。

透過好奇，我們能理解的就越來越多。我們可能完全瞭解自己所需或他人對我們的期望嗎？大概不能，但我們可以不停深入瞭解與蒐集情報。此外，理解不代表同意，即使我無法同意或體會到你的感覺，我仍然可以理解為何你會有那些感覺。理解其實很簡單，就是用好奇心去探索事情的來龍去脈，對所有可能性都保持開放的態度。

- 不要因為自己經歷過類似狀況，就假設你知道對方的感覺。
- 透過提問確認你真的了解對方的感受，像是「聽起來＿＿＿＿是讓你最難受的，是嗎？」

■ 鼓勵對方繼續分享，直到雙方覺得了解得差不多。慢慢來，不用急著非得做到什麼。

當我們能試著加以理解，就能試著接納。同樣地，接納並不代表要為某事某物背書，而是我們知道事情是怎麼發生的，知道它如何影響我們。剛開始時，要做到接納可能有點困難，但這是絕對有可能達成的，因為我每天都以此維生。

你可以坐在一個人身邊接納與肯定他們的經歷，但毋須加以認同。我剛開始接受心理師的訓練時，曾學到所謂的「無條件正向關懷」。這指的是心理師需要能把自己的意見及想法上的差異擱置一旁，然後對個案展現出全然的接納。我們騰出空間去聆聽、去瞭解自己或別人在其獨特經驗裡感受到的一切，能讓我們領略到自己和別人的經驗都是真實的。對於個案所說的話，我並不會全部認同，他們的選擇也不見得是我會做的選擇，但這沒有關係，我還是可以保持開放的態度，鼓勵他們分享，然後接納他們經驗到的。我把他們視為獨一無二的人，擁有獨一無二的經驗。

接納聽起來就像：

- 「難怪你會有那種感覺。」
- 「我了解你為什麼會那樣做了。」
- 「可以理解你為什麼會有這樣的感覺，尤其是在這樣的情況下。」

當我們能懷抱好奇心去理解別人、接納別人，很自然地就會產生同理，進而提供允許與容納感覺出現的空間，讓我們有機會更深入瞭解。每件事情的發生皆有其脈絡，當我們願意試著了解一個人何以成為現在的模樣，就越能同理對方。

我們都能從不同角度看待同一件事，並用具備同理心的觀點來取代評價。當你試著去探問、去理解、去接納，都是在展現你的同理。

除此之外，你也可以試試下列方法：

- 專注聆聽，不分心。
- 分享你的類似經驗，讓他們覺得自己的反應是正常的。
- 允許他們與感覺共存，不要急著給出建議。
- 感謝他們願意與你分享。
- 繼續伸出雙手與保持連結。

當你需要支持自己或別人時，試著不要一直想著該怎麼做或怎麼說才對，而是將好奇、理解、接納、同理融入互動之中。

你可以問問自己：

- 我要怎麼做才能更瞭解眼前的狀況？
- 對於他們正在感受或經歷的一切，是否還有某個部分我不能理解？
- 我要怎麼做才能讓他們覺得被理解及被支持呢？
- 在這樣的情況下，我可以說些什麼或做些什麼來展現我的同理呢？

記得，只要你帶著好奇，願意去理解，接納與同理就會自然而然的出現。

成為能有效給予支持的人

正在閱讀本書的你，可能非常樂於助人。你或許是大家公認具有同理心或樂善好施的人，又或許很常在幫助別人的過程中獲得成就感，並以這樣的自己為榮。對他人伸出援手時，你是把重點放在「我是不是表現夠好的助人者？」還是「我有沒有真的幫上忙？」這兩者帶來的結果是很不同的。

再回到意圖與影響力的部分，除了心存良善外，也需要確認你幫的忙有對應到對方的需求。如果我們根本不曉得對方要的是什麼，也從沒想過先去瞭解，通常只是為了自我感覺良好而去幫忙，不是基於真的想協助對方處理問題。

至於如何成為有用的助人者呢？請記得以下幾個重點：

- 具備良好的傾聽技巧。
- 能夠覺察或者願意詢問對方的需求。
- 清楚的界線。

與別人分享事情時，你有多少次講到一半就被打斷，只因對方急著問：「喔，天啊！但是你有試著＿＿＿＿嗎？」這種狀況在我身上發生過無數次。有時候我們太急著想要幫忙或解決問題，卻沒能花時間好好了解對方需要或想要的是什麼。

如果你想成為能真正幫上忙的助人者，一定得先成為好的聆聽者，試著去了解與聽見以下這些問題：

- 這個人因為什麼事情痛苦？
- 他擁有哪些資源？
- 他已經試過哪些方法？
- 他現在的需求是什麼？（提示：不見得是解決問題的方法，也有可能是希望有人聽他說說話或同理他。）

你越能夠傾聽及了解另一人的需求，就越有機會給出對他們而言最有用的幫助。

身為助人者，一定要能保持清楚的界線。曾經有段時間，我打從心裡認為自己應該要為每個人解決他們遇到的每個問題。家裡如果有人遭遇困境，我就該鼎力相助、處理困難。在我還是個菜鳥心理師時，很常把個案的痛苦帶著走，或者跟著陷入其中。因為我擔心如果不這麼做，就代表我是「不夠敏感」且「不夠在乎」的心理師。就連映入眼簾的新聞事件都可能影響我好幾周。世界上的某處正在發生不好的事情，我卻在享受人生，這會令我感到罪惡，也讓我因此變得很難享受生活。所有的事情非黑即白，非善即惡，導致我會評價那些看似已經不記得發生過什麼事情的人，然後在心裡質問：「他們怎麼可以這麼不在乎？」這一切漸漸嚴重，眼見日子快要過不下去，不做一些改變不行。

我慢慢了解到自己不需要幫助每一個人，也不可能幫助到所有人。在沒有足夠能量、資源或能力的狀況下，你需要知道自己的極限，並練習在自己和他人之間拉出一條界線。這並不是壞事。事實上，這樣做反而比較健康也比較道德。有時候，我們可能會需要尋求其他專業的介入，或是找更有經驗的人來協助。誠實地讓前來求援的人知道你的極限所在，他們就可以轉而求助更能幫助他們的人或資源。建議對方這麼做或明白說出自己幫不上忙，都不代表你不在乎或是要丟下他們不管。這麼做反而是因為你很想幫他們，所以盡力為他們尋找適合的資源。同時，這也讓你看清自己的極限，在試著為他人著想的同時也不忘照顧自己。

若你最近的能量、資源或能力不足以協助他們，不妨試試以下這些說法：

- 「很遺憾聽到你發生這種事情，但我今天也過得很糟，我覺得自己可能沒有辦法馬上提供協助，我明天再找你，好嗎？」
- 「這件事情，我可能不是最適合幫忙的人，你有想過找＿＿＿＿嗎？」
- 「這件事對我來說太困難了，超乎我的能力所及。」
- 「我真的很想幫你，但我已經累壞了。等我有力氣討論這些時再找你好嗎？」
- 「你有沒有曾經過了一天後覺得自己快累垮，很需要獨處？我現在正處於這樣的狀態。我很擔心這樣子的自己無法好好聽你說話，或給你夠好的建議，我可以在＿＿＿＿（插入一個時間點）再與你聯繫嗎？」

■「我很想陪在你身邊支持你，但我不覺得現在的自己做得到。給我一些時間休息一下，恢復元氣後，我應該就能好好陪陪你。不如我們約在＿＿＿＿（插入一個時間點）再來好好談談，好嗎？」

■「我真的很想幫你，但我現在需要先專心把＿＿＿＿（某件事情）做完。我晚一點再找你好嗎？」

■「我不太方便跟你討論這件事，你有可能找其他人幫你嗎？」

■等你準備好了再回應。注意：如果對方想要傷害自己或自殺，而你覺得自己可能幫不了忙，就更需要建議他們尋求適合的資源。包括聯繫自殺防治相關單位[1]，或是聯絡可信任的朋友、心理師、醫師或當事人的家屬前來協助；必要時，也可直接聯繫警察或救護單位進行緊急協助。

當然，即便你沒有足夠的心靈能量，有些情況你也一定非幫不可，尤其當你身為父母，或者是對方唯一的照顧者的時候更是如此。這時候，你要如何與這個人設定良好的界線，端看你們的關係、你能取得的資源，以及發生的事情而定。試著把焦點放在能力可及之處，那就是你的極限與界線。然而，即使設定了界線，如果事情發生在你所愛的人身上，你依然會受到強烈的情緒衝擊。界線的存在可以預防你過度涉入或承受過多痛苦，讓你能夠更專心地去幫忙別人、好好聆聽他們的需求。

請記得，重點在於騰出一些空間容納痛苦，而不是帶著痛苦到處跑。當你能做到這一點，就可以陪伴在對方身邊，給出同理和接納，並看看你能幫上什麼忙。把他人的痛苦扛在自己身上，只會太過沉重、帶來負擔，對彼此一點幫助都沒有。

當你覺得似乎有點過度涉入別人的問題且無法自拔時，可以自問以下這些問題：

- 當我試著幫別人時，是否覺得自己的界線受到侵犯？
- 幫助別人之後，是否不管在情緒或生理上都有能量耗盡的感覺呢？
- 我提供的協助有發揮任何作用嗎？

譯注① 台灣讀者可聯繫衛生福利部安心專線，直撥1925。或各縣市張老師專線，直撥1980。

- 是什麼讓我想要用這樣的方式幫助別人呢？
- 在提供協助的過程中，我有任何不滿的感覺嗎？
- 我會覺得需要透過幫助他人來證明自己的價值嗎？
- 在這個狀況當中，我是適合提供協助的人嗎？
- 我有詢問對方希望獲得什麼樣的協助嗎？
- 提供協助的過程中，我有因此失去自己很重視的東西嗎？
- 提供協助的過程中，我有覺得無助或不被感激嗎？

想要成為有用的助人者，說真的就是用心傾聽、瞭解與理解、接納、同理，以及在彼此之間設立良好的界線。即使偶爾說錯話也沒關係，你只是個平凡人，不用要求自己當個完人或是完美表現。只要按部就班做到本章的基本要素，你將會驚訝地發現，一個不起眼的動作或一句話，原來可能帶來意想不到的效果。

做人就是要有負能量

要成為別人的支持者或聽取別人的抱怨不是件容易的事。一旦事情超乎我們能處理的範圍，或是涉及的議題實在太大，我們可能就想忽視提出問題的人，不然就是直接說他們太「負能量」。但人類生來就會負面思考，這也是幫助我們生存的重要技能。

我們比較容易看到負向面，這是演化而來的結果。為了活下去，大腦會想辦法找出危險在哪裡，而不是逗我們開心。這也是為什麼只會正向思考其實是很危險的，適度地保有負面思考，反而有助於我們活下來。

很久很久以前，能否及時注意到危險攸關人類存亡。能注意到的人比較能即時反應，也就比較有機會生存下來。如今，世界已經有了很大的改變，但我們的大腦卻沒什麼改變，這就是為什麼有些事情其實並不危險，我們仍會感到備受威脅或是過度反應。因為大腦無法分辨哪些是實際存在的威脅，哪些是想像中的威脅。我知道這聽起來有點複雜，但越深入了解負面思考存在的意義，越能了解這種與本能有關的思考方式，會如何影響你和他人。

人們容易出現所謂的「負向認知偏誤」（negativity bias），對負面訊息很敏感，對正面訊息則比較不敏感。心理學家約翰・卡喬波（John Cacioppo）在一項研究裡，分別讓受試者觀看正面的影像、負面的影像、中性的影像。結果發現比起正面或中性影像，負面影像在受試者的大腦皮層激起更多反應。也就是說，人們比較容易記得負面刺激。當我們面臨負面的、危險的，或是充滿威脅的刺激，腦神經的活動程度也比較大。

整體而言，人類有以下傾向：

- 比起正向經驗，更容易記得痛苦的經驗。
- 比起受肯定或稱讚，更容易記得被羞辱的經驗。
- 對負面刺激的反應比較大。
- 比較容易回想起負面的事情而不是正面的事情。
- 對負面事件比較有反應。
- 比較容易從負面的情境或結果當中有所學習。
- 比較容易根據負面的訊息做決定，而不會根據正向的訊息進行決策。
- 比較容易為了達成一個目標，思考要放棄什麼，而不是預想會獲得什麼。
- 面對新事物比較容易把注意力放在與其相關的負面訊息。
- 比起正向事件，更容易把負面記憶儲存在長期記憶裡。

瞧！我們的大腦對負面事物是如此著迷，難怪要永遠保持正向難如登天！接受大腦就是會負面思考的事實吧！但這一切都是為了讓我們平平安安地活著，因此也不用強求自己只能正向思考，只要試著別過度偏執於不存在的威脅或失敗就好。

算了吧！你不可能刪除生活中的所有負能量

網路上有成千上萬篇文章鼓勵我們「去除生活中的負能量」，這其實還滿有趣的。我聽到這些東西時的第一個想法是：「這是什麼意思啊？」是不要我們跟任何帶有負能量或會抱怨的人講話嗎？又有哪些話題是禁止討論的呢？根據先前對於大腦的瞭解，相信大家都同意，如果要忽略生活中的所有負向事件，不只做不到，還可能害到自己。

我發現，當人們想要去除負能量時，通常意味著他們不想要痛苦，或者受困於令他們覺得不舒服的事情。所以人們多半會用「負能量退散」來拒絕改變自己、與人疏離，或是忽視一些明擺在那裡的問題。這非常不利於我們與他人建立關係，甚至有可能導致我們遠離某些人，他們並非刻意造成他人情緒負擔，只是目前正在經歷艱困的時刻。

倘若你跟生命中展現負能量的每個人都斷絕關係，將永遠不可能與他人建立如革命情感般的緊密連結。因為你可能會不斷評估關係，與那些對你不夠好、造成你情緒負擔、不夠珍惜你們關係的人都斷絕往來。但並不是所有負能量都很糟，它可能出現在憂鬱的時候，或是遭遇如失去父母、失業等生活中的困難事件，也可能是正在經歷生命中的重大轉變、身體健康出了問題等等。負能量並不都是有毒或不好的，很多時候它就是人生的一部分，因為我們總是會有過得很辛苦的時候。

如果你正在考慮「去除生命中所有的負能量」，也許需要捫心自問：

- 我是否難以設立與他人的界線？
- 這件事情或這個人會讓我覺得備受威脅嗎？
- 這件事或這個人會觸動我的某些感受嗎？
- 如果去除掉這些負能量，我的生活會有什麼改善嗎？
- 在去除這些負能量之前，我有機會從中學習到什麼嗎？
- 我是真的在設立界線，或者只是在逃避重要的議題？
- 我為何想要過著沒有負能量的生活？
- 假如我遇到困難，別人卻只想把我推開，那我的生活會變成什麼樣？

當然，這也不代表我們就得渾身都是負能量，而是該要能夠好好面對遇到的問題，並試著讓自己在心理及情緒上更有彈性，讓自己更有安全感。

以下提供一些方法作為參考：

- **放更多心思在好的事情上面**。我們已經知道注意正向事件比較困難，所以更需要確認自己真的把正向事物放在心上，專注於當下的感受，甚至是將其寫下來，都有助於更專注地將這些感受整合到記憶裡，而且未來還能回顧。
- **檢視你的自我對話**。自我對話中常有很多負面思考的延伸內容，像是「我永遠不可能成功」「大家都討厭我」。只要出現類似的想法，不妨試著反過來質疑它們。
- **重新定義事件**。有些人稱之為「對想法進行審判」。假裝你是名律師，要對你的想法進行詰問，在合理懷疑下，它們依然能成立嗎？然後試著尋找灰色地帶，思考如何用不同的方法或角度去瞭解眼前的事物或情境。

但我就是受不了「負能量人」

我知道太多負能量會讓你覺得勞心傷神。你想要被開心、美好、正向的事物所包圍，這也是完全可以理解的。但這個世界有時就是充滿狗屁倒灶的事，我們不得不注意它們，也很難不對它們產生感覺。如果我們總是閉上眼當作沒看見，這世界永遠都不會改變，人與人的關係也會變得很表淺。當然這也不代表我們得要讓自己被負能量包圍、回應所有要求或求援，適度設立界線是必須的。在此，我希望能夠重新建構大家對於「負能量人」的看法。

其實，我並不相信這世上有「負能量人」，但我相信有如下列描述的人：

- 覺得不安全。
- 置身於痛苦中。
- 曾經受到傷害。
- 從不知道他們其實也可以有「好的」情緒。

上述這類型的人通常有較多的負面思考，也習慣以負面思考因應一切。但他們不是病入膏肓且需要被移除的「負能量人」。再次強調，負能量不等於對人需索無度或具有傷害性。對於會傷害你的人，你大可設立界線、保護自己；對於負能量人，你也同樣可以拉起一條界線。但設立界線與完全將他們排除在外是兩回事。

當人們出現以下這些狀況時，常會被視為充滿負能量的人：

- 他們談及的感受不好處理。
- 他們談到社會上的不公不義。
- 控訴我們對他們造成傷害。
- 他們引發我們的不愉快。

負能量成為我們討厭、不想面對事物的代名詞。我們會標定一個人為「負能量人」好叫他閉嘴，或讓我們自己免於扛責。負能量有時候很煩人嗎？當然！但它同時也讓我們看到真正重要的事物，讓我們有機會修復關係，讓改變得以發生。沒有負能量，我們都將迷失。我們或許會想叫那些指出社會不公義之事的人閉嘴，只因為那可能突顯出我們是既得利益者，而我們不想承認；又或是不想跟朋友談論健康的問題，只因為那迫使我們去面對人生終有一死的焦慮；可以的話，我們也不想聽到朋友失業，只因為那會勾起我們的無助感與無力感。有太多原因讓我們厭煩別人的負能量或抱怨，而且多半與我們自己有關。再者，我們自己或多或少也會出現負能量，這是不可否認的事實。

如果你很想對某人貼上負能量的標籤，不妨先反問自己下列問題。這樣做有助於區辨是對方真的充滿負能量，還是當中夾雜一些需要你注意或反思的問題：

- 對方是否散發出讓我很不舒服的感覺？
- 對方是否讓我回憶起生命中的某個人？
- 對方是否強迫我正視他們正在抱怨或討論的議題？
- 我是否不太喜歡他們似乎對我意有所指的感覺？
- 對方在分享想法的時候，我是否有無助的感覺？
- 對方是真的在傷害我，或只是讓我覺得很煩？（這兩者是不同的）
- 對方這些行為已近乎需索無度，需要我在彼此之間拉起一條界線嗎？
- 對方是否正遭遇困難，而這些事會讓他們的想法變得更加負面？

有不舒服的感覺是正常的，我們都會這樣，也需要這些感覺和想法才能活下來。如果你無法感到焦慮，你可能早就死了；如果你無法感到悲傷難過，就不會知道什麼對你來講是重要的；如果你從不說出任何抱怨，事情就不會有所改變。

有時候我會懷疑：負面思考的人會不會其實只是想要被同理和了解？如果我們能多同理、多理解，他們會不會就能變得比較樂觀？有沒有可能每次把這些太負能量的人從身邊推開時，我們也錯失能更加了解自己的機會？

有時候，談論現實中發生的一些事件並不容易，稍有不慎就會散發出負能量。但在這過程中也充滿療癒、進步及互相理解的可能性。我很好奇，如果我們都勇敢面對這些對話，並試著深入探究前因後果，會發展出什麼樣的情節呢？

不管怎麼說，如果期待一件事能有所改變，總要先能意識到這件事的存在。當我們能夠包容與接納，別人或許會因為覺得舒服而變得比較正面樂觀。老生常談或心靈雞湯都不會把問題變不見，問題依然存在。如果我們不願正視，搞不好還會更加惡化，甚至造成對他人的傷害，因此有必要謹慎評估後再給出回應。最重要的是，無論是負面思考還是抱怨，都給了我們改變的契機。

與常抱怨者的相處之道

想成為正能量與幸福感的死忠擁護者，要先具備切割負能量的能力。如果你能透過關掉電視、斟酌談話內容、遠離負面思考的人、專心過好自己的生活來避開世界上所有不好的事情，那你算得上是極其少數的幸運兒，別忘了對此心懷感激，同時知道這並不是常態。

我們有權利也有必要拋下所有事情來為自己充電與休息，同時，不可能也不需要吸收每天的所有新聞或令人痛苦的內容。身為心理師，有時我會因為個案的故事難過一整天，因此我得為自己找到一個地方，讓我能夠遠離這一切，隔天才能煥然一新地重回崗位。如果我全年無休，白天黑夜都想著這些事情，肯定會精疲力盡而且效能奇差無比。

但那些身在痛苦之中的人怎麼辦？那些無法說走就走、無法什麼都不管的人又能做些什麼呢？

我們當然不可能扛下他們的問題，但如果能多一些同理、更深入理解他們的世界，解讀他們的行為、看待他們的方式或許就有所不同。

當我們認為別人應該要有更正確的心態或更樂觀的想法時，不妨先回頭檢視以下幾個問題：

- 他們是不是幾乎無法遠離原本的生活？即使是片刻也辦不到？
- 會不會有些被我置之不理的事，卻是別人每天不得不面對的現實？如果有，那會是什麼？
- 我要怎麼做，才能一邊同理與瞭解別人，卻又不會太過涉入？
- 如果我每天都得面對他們經歷的那些事情，我的心境能不受到影響嗎？

處理生活中的辛酸苦辣，不代表就會變得充滿負能量。談論失落哀傷，與在餐廳裡抱怨餐點是截然不同的，我們得要能區分這兩者的差異。

還記得第六章提到的山姆嗎？山姆很喜歡利用諮商的時間抱怨，但他其實是在尋找連結與接納，而且知道這個具有治療性的空間能提供他這些東西。所以當我試著打斷他並嘗試給予建議時，等於擋了他的路，因為那不是他當下需要或想要的東西。相同的抱怨不斷重複出現，或是我們不知該如何回應那些抱怨內容時，就會感到心煩。本書前幾章討論過，抱怨多麼容易讓我們覺得無助，那種無能為力的感覺相當難受，於是我們就進入「想趕快解決問題」的狀態。如果你的生活中有很愛抱怨的人，有許多方式可以協助你回應對方，效果也不錯。接下來，我會帶你了解最糟糕及最好的反應方式。

在做出反應之前，試著思考以下這些自我探索的問題，或許能助你一臂之力：

- 我可以用哪些方式表達支持？
- 我能接納對方嗎？
- 我會不會也有相同的在意和擔心？
- 對方分享的內容具有說服力嗎？我需要確認或知道他講的究竟是不是真的嗎？
- 如果是我，會不會覺得受傷、困惑，或者有任何不舒服的情緒？
- 我會希望別人怎麼回應我？
- 需要花時間做任何處理嗎？還是這一切只是個過程？
- 對方只是單純在抱怨還是真的受傷、難過之類的？
- 這是多數人會面臨的制度問題嗎？會是常見的議題嗎？

以上這些問題的答案能幫助你決定如何回應對方的抱怨，底下則是人們最常回應抱怨的方式：

同意或不同意

你可能會根據抱怨者的身分來做出同意或不同意的反應。同意不見得永遠是最好的回應方式，不同意也不代表你冷漠無情。你不需要透過同意展現你的接納。

所以，如果我抱怨房間裡很冷但你覺得很熱，你可以說：「喔，你穿著無袖背心，覺得冷是很合理的。」你不需要認同「很冷」這件事，也可以完全不同意，只需要接納我的經驗以及我感受到的真實。許多人以為要同意抱怨的內容才算是接納，但其實不需要這麼做。當我抱怨房間裡很冷，你也可以說：「怪了，現在室溫是攝氏二十六度，你為什麼會覺得冷？會不會生病了？」

不管你同意或不同意，重點在於你接納「另外一個人感受到的真實」，光是做到這點就非常有用。

辯解或否認

人們也很常用辯解或否認來回應抱怨。在關係當中的抱怨特別容易出現這類回應，而且往往導致更多意見分歧。

例如你抱怨伴侶都不洗碗，他可能會說出「你又沒有叫我做，而且我忙得要死！」這類的自我辯護，或是用「亂講，我才沒有！我明明為你做了很多事！」來否定你的抱怨。

辯解與否認幾乎沒有什麼用，因為這樣做會引起對方的防衛。最後往往演變成衝突與爭吵，兩個人都在抱怨，而不是在聽對方想表達的事情。建議盡量避免這一類型的回應方式。

同情與解決問題

同情與解決問題是極為常見的反應。我發現同情或同理都非常有用。一個頗具同理的反應，往往能以極有效率的方式終結抱怨迴圈，例如：「確實如此」「我懂你的意思」。

解決問題這個反應就比較微妙了，因為如果來抱怨的人並沒有想要請人解決問題，這一招就沒什麼用。所以相信我，想要幫對方解決問題之前，最好先確認他們是不是真的想要獲得建議或解決方案。

抱怨回去

還有一種回應的方式就是抱怨回去。簡單來說，就是當別人在抱怨時，你也講出自己的抱怨。例如我說：「我的腳好痛！」你回應：「天啊！我也是。我得把這些鞋子脫掉。」

善加使用的話，抱怨回去在低階抱怨的情境裡其實是非常有用的，尤其當你知道自己想抱怨的事情跟對方差不多的時候更是如此。但是對方真的遇到麻煩或心情極度沮喪時，這就不是個好方法了，因為它可能引起雙方較勁，進入一種「誰能比我慘」的狀態。

通常只有在芝麻綠豆大的抱怨時，我才會使用這種回應方式，如果牽涉到重大的失落、創傷或其他困擾，我就會避免這麼做，否則很容易讓對方覺得你只是想要跟他比誰過得不好，而不是真的想了解他。

保持中立或忽視

最後一種可以用來回應抱怨的方式，就是保持中立或忽視。沒錯，你不需要回應所有的抱怨。有些人只是想透過抱怨宣洩一下情緒，並沒有想從我們身上獲得什麼。在這種情況下，直接讓話題繼續下去也沒關係。這種方式對低階抱怨也非常有用，像是當朋友抱怨他們來餐廳的路上交通有多塞，我很可能會直接回他：「很高興看見你。」

萬一我真的需要切斷與這個人的關係呢？

人生中總會有一些人，你無法與他們繼續保持關係，不得不轉身離去。離開的理由有千百種，也許是他們的負能量常常衝著你來，或者他們需索無度、見不得你好，或是不管你多麼同理及理解，他們始終不顧慮你的感受。總有一些關係是不安全的、會傷人的，你也無法用本章節提到的溝通方式跟對方互動。同樣地，對於那些經常傷害或虐待你的人，更不需要勉強自己同理他們或與他們維持關係。相信你自己、試著去辨認出這類關係，並在需要的時候予以切割。

你也有權利對別人說沒空或沒有能力幫忙，有時候這也是慈悲且同理的反應。因為你可能也有自己的事情要做、沒有時間或缺乏資源，或是還有更適合提供協助的人。發現別人的情緒已經超出你的負荷範圍，或是會對你造成傷害時，就有必要設立界線，運用各種方式讓對方知道你目前無法提供協助。

我們與負能量的距離沒有想像中遠

承認吧！其實我們都會抱怨。只是有些人需要抱怨的少一點，有些人需要多多練習抱怨。但抱怨並不會憑空消失，也不該永遠被排除在外。它有存在的價值，能夠促進人與人之間的連結、幫助處理我們的感覺，更讓我們知道對自己、他人或社會而言什麼是重要的。有時候，我們就只是想要抱怨一下而已，這都無傷大雅。

請務必記得以下幾點：

- ■ 你會對某些事情感到不開心是正常的，這世界有時就是讓人很崩潰或受不了。
- ■ 開口談論一些對你很重要的事情，不代表你就是負能量人。
- ■ 有些人就是無法在你需要的時候提供支持，這並不代表你要求太多，或者應該停止分享，你只是需要找到更適合的人而已。

Toxic Positivity

想一想

① 我希望從提供支持的人身上獲得什麼？別人怎麼做或怎麼說，最能令我覺得倍受支持？

② 我最擅長提供什麼樣的支持與協助？

③ 提供哪一種類型的支持或協助最讓我耗盡心力？

④ 我在關係裡常是付出多的人還是付出少的人？造成這種動力的原因是什麼？

“

生活中永遠不會出現讓你無法負荷的事。

Life will never give you more than you can handle.

”

人生難免會有我們無法獨力承擔的事，這很正常。
壞事之所以發生在某些人身上，
絕對不是因為他們「不夠堅強」。
總有一天，你會想通並接受人生就是不公平，
有些挑戰實在是太過困難，這種時候請試著去尋求協助。
記得，你不需要永遠都很堅強。

chapter 08

如何擺脫歧視與偏見？

有毒正能量和追求幸福快樂在西方文化裡存在已久，前面提過它們如何在社會上占有一席之地，並且在宗教、醫療、科學、職場等領域造成重大影響。這些現象不只年深月久，還持續在許多系統裡助長阻礙。

我想先警告，本章節可能會有點難讀或是讓你覺得困惑，我一開始也難以理解接下來要提到的研究。我知道有毒正能量會深植於人心，但我並不完全了解它的影響力和影響範圍。光是要理解「正向積極」為什麼在許多富爭議性的議題上會助紂為虐，就已經很困難了。但希望本章能帶你從各個不同層面去了解，有毒正能量如何成為世上各種壓迫體制的靠山。

對於殘疾人士、慢性病患者、有色人種、肥胖者、跨性別者、女性，或者各種在社會上被邊緣化的族群而言，本章節讀起來可能會讓你們不舒服。請用你們自己的步調閱讀，也請放心地跳過任何讓你覺得太沉重或不適用的內容。慢慢來，自在就好。

在本章節裡，將會觸及一些非常個人的議題。為了幫助大家更了解我的觀點，在此先分享我的背景：

我是一位三十歲出頭的美國白種異性戀女性；我有西班牙的血統，母親是第一代的古巴裔美國人；我已婚，丈夫是猶太人，我的孩子也是；我成長於衣食無缺且完全不用擔心經濟問題的家庭。由於我的外在特徵與表現，所以我並未真正親身經歷過種族歧視、恐同、反猶太主義、體型歧視、殘障歧視、階級主義等狀況。我非常清楚自己是何等幸運。身為女性，我免不了遭遇過各種形式的性別歧視；我同時是個妻子、女兒，也是許多飽受歧視之苦的人的朋友。

我知道自身經驗會左右自己談論這些議題的方式，因此，我會嘗試整合專精這些領域，或本身就屬於這些族群的研究者所提出的意見。能夠在像邁阿密這麼多元的城市裡，以臨床工作者的角色和許多人合作，是件非常榮幸的事，我也會把這些經驗納入本章內容。我不是反種族主義的倡議者，也永遠不會知道以受歧視者的身分試著把世界導向正軌，究竟是什麼樣的感覺。但根據我的經驗與研究，我很了解有毒正能量所造成的阻礙和痛苦：

- 比起讓醫療普遍化，我們更喜歡鼓勵大家用心靈能量來治癒疾病。
- 比起增加身障者的資源可得性，我們更愛大力吹捧與鼓勵「勵志色情片」。
- 比起促進性別平等，我們更常宣揚女人只要「當個開心的家庭主婦」就相當於「擁有一切」的概念，然後把「憤怒的女權主義者」渲染成妖魔鬼怪。
- 比起促進種族平等，我們寧可到處呼喊「讓我們彼此相愛吧」的口號，以及不停質問「為什麼我們不能好好相處」，卻不為改變世界做出任何實質的努力。

- 比起包容更多不同體型的人並去除節食文化，我們轉而提倡身體自愛與身體自主，卻不願為「維持完美身材為至高無上真理」的風氣做出任何改變。
- 比起擁抱各種不同身分認同及不同關係形式，我們只肯施捨一丁點兒空間，並以為這樣就能讓活在社會邊緣的人們「感到快樂」，如果他們沒有因此感激涕零，我們還會生氣，認為他們不懂惜福。
- 比起減少貧富差距，我們反而發行教導人們快速致富的書、將加班合理化，鼓勵大家「顯化財富」，奉行「吃得苦中苦，方為人上人」的道理。

讓我們一起來看看有毒正能量到底如何為這一切撐腰，以及我們到底怎麼走到這一步田地。

終極煤氣燈效應

有毒正能量的核心其實就是一種煤氣燈效應，不斷告訴人們：他們的感覺不是真的，是想像出來的，而且全世界只有他們有這種感覺。在許多正向思考的文本裡皆能瞥見煤氣燈效應的影子。

我經常在自己的社群媒體上譴責「吸引力法則」，身為吸引力法則鐵粉的路易斯（Luis）卻找上我擔任他的心理師，大概沒什麼比這更諷刺了。他在初次晤談時大談顯化法則與想法控制的議題，我內心尷尬不已，但還是決定謹慎小心地聆聽，理解這些東西到底是如何幫助他，以及在他的生命裡又扮演著什麼樣的角色。說真的，我是否贊同個案的因應方式並不重要，如果他們選擇的方式對他們來講既有用又不會傷害到任何人，那就是有效的方法，我也會加以配合，來達成他們想要的目標。我是否喜歡那些方法，並不重要。

有趣的是，路易斯每個禮拜都會來諮商，訴說他對吸引力法則的熱愛、著迷、奉獻，以及那份相信吸引力法則絕對會有效的堅定。他選擇向唾棄吸引力法則的心理師談這些事情，總讓我覺得案情並不單純，於是我決定耐心等待，直到他準備好談論這件事。

過了幾個禮拜，路易斯開始分享童年時期的創傷，這是他在初談時完全沒有提過的，所以之前我一直以為他純粹是想要藉由諮商提升動機、讓自己變得更有生產力。路易斯呈現的形象是沉著冷靜、有條理的三十多歲男性，希望自己可以睡得更好並「活出最好的自己」。但我能察覺到，我們正在一點一滴拆解他精心的偽裝，即使步調緩慢，仍在往某個方向前進。

路易斯對我談及他和奶奶的關係。他是由奶奶撫養長大的，因為母親在他十歲的時候過世，而他從未見過父親。還記得初次晤談時，路易斯雖然曾提到小時候就失去雙親，但他整體而言有個「正常且美好的童年」。這個否認的模式，大家看出來了嗎？

經歷好幾次的晤談，路易斯才開始分享關於兒時遭到虐待、忽略，以及有一餐沒一餐的痛苦，他內在因此萌生強大的驅力，希望永遠不要再經歷那些感覺。他的銀行裡永遠有存款，桌上永遠有食物，還有一個無論發生什麼事都會充滿正能量與和平的家。這就是路易斯跟吸引力法則相知相熟的緣起。他尋尋覓覓，盼能找到萬無一失的方法，可以確保他永遠不再體驗到兒童時期的那些感受，而吸引力法則能夠滿足他所需要的一切。

只要能夠把注意力放在生活中的正向面，忽略任何不夠正面的事情，「宇宙最強而有力的法則」就能夠帶給他金錢、正向思考及幸福。路易斯發揮他百折不撓的工作守則，把每件事都做「對」。看書、反覆思考、設法避開任何可能阻礙成就豐裕富足的一切，包括他的過去。問題是：他不可能逃離這一切。兒時創傷依然如影隨形，逃避只會讓那些過去更加緊巴著他不放。他很快就發現自己失眠、與人疏離、經常有嚴重的創傷回憶再現。他甚至開始用發生過的每一件事情來責備自己，認為自己是個徹頭徹尾的失敗者，他陷入困境，找不到出口。

許多顯化與吸引力法則都散發著濃濃的有毒正能量，這並不是什麼新鮮事，而是非常典型的煤氣燈效應。它說服人們，世界上沒有受害者，只有共犯。有毒正能量堅信世界上沒有所謂的歧視，是你的想法讓你生病，因為所思即所得。路易斯不會是第一個，也不會是最後一個，坐在我的沙發上跟這些想法拼搏的個案。我們都在尋找能夠讓自己快樂與掌控生活的方法，在這樣的情況下，吸引力法則是如此迷人與誘人，直到我們發現一切不如預期。

夠健康的人才會快樂？

一直以來，健康與快樂總是密不可分。殘疾或疾病常常被視為一種負擔，在媒體上也很少看到身障者或慢性病患被視為是一般人。不管是「勵志色情片」或鼓舞人心的故事，總是宣揚殘疾人士想辦法突破各種難關，成功找到健康人士所認定的快樂。這等同於強迫殘疾人士或生病的人正面積極，或假設他們的痛苦是自找的，而且自願成為受害者。

政府會針對殘疾人士或病患制定相關的福利政策，但優生學家認為，只要不是正面積極的情緒都不利於演化，因此要創造個體與集體的福祉，就應該把重點放在疾病與幸福感的關係，不用考慮社會、政治、經濟等因素。而任何不支持此觀點的人，就是「不科學的人」，一概要加以排擠。優生學運動在美國大約崛起於一九九〇年代早期，對於有身心疾病或殘疾的人來說，那是個非常黑暗的時期，因為他們被視為造成社會不幸的罪魁禍首。

優生學運動最巔峰的時期，大眾甚至拒絕治療患有嚴重疾病的人，只為了測試他們的「適應力」。人們引用所謂的科學研究結果推論出：幫助有殘疾的人，最終會對整個族群造成傷害並導致更多疾病，使整個社會環境變糟。殘疾人士被視為意志不夠堅定，所以他們的情緒狀態較不穩定，情緒也缺乏控制，心理狀態更經常處在暴躁、無法控制的憤怒、意志薄弱、無法長期符合社會觀念與規範、缺乏維持良好家庭環境的野心等等。簡單說來，優生學的中心思想就是殘疾病弱者會減損大多數人的幸福感，解決方案就是以追求幸福之名，來消滅或忽視他們的存在。

當時的某些心理學家相信，只要消滅意志力不夠堅定的人，就能為社會帶來極大的幸福感與成就。「意志力不夠堅定」成了一個代名詞，用來指稱因為身心疾病而無法為社會做出貢獻、提供生產力及幸福感的人。換句話說，若想為社會創造更多幸福感，就得隔離、絕育，或是殺死任何可能帶來威脅的人。心理與生理疾病都被視為幸福感的最大威脅，再不採取行動就為時已晚。

健康與幸福感的關係至今依舊是個大問題。倡導吸引力或顯化法則的書籍總是說，越是去想或擔心生病的事，就越有可能生病。他們也常提出這樣的問題：「你有沒有發現那些經常談論生病的人，毛病往往會越來越多？」我的回答是：「沒有，我從沒發現這種現象。」我幾乎每天都跟慢性病患或殘疾人士工作，我的許多家人也都面臨各種健康問題，但我不曾發現談論疾病與患病機率之間有什麼關聯，也遍尋不著任何資料能佐證此事。

病弱殘疾常是許多因素交互作用後的結果，以下是影響整體健康最常見的因素：

- 社會經濟狀況。
- 醫療資源的分布。
- 環境毒素。
- 社會支持與有意義的關係。
- 工作壓力或失業。
- 歧視。
- 宗教信仰。
- 性別。

- 社會影響力。
- 抽菸。
- 食物來源與品質。
- 酒精和藥物。
- 安全性行為與安全的性教育。
- 疾病篩檢。
- 壓力因應及紓壓技巧。
- 兒童早期發展狀況及兒童期的壓力事件。
- 免疫系統功能。
- 神經傳導物質、神經調節物質、荷爾蒙。
- 基因遺傳。

各種族繁不及備載的因素往往會被人們忽略，直接假裝我們能夠全權掌控自己的健康會簡單得多，如此一來，有毒正能量才能繼續支持那些實際上根本無益於健康、殘疾和疾病的看法。比起正視人們為什麼會生病，或試著讓這個世界對長期受病弱殘疾所苦的人友善一些，我們寧可相信正能量是通往治癒疾病的康莊大道。當一個人身上有了殘疾，我們就很難以平常心相待、很難把對方視作「同為云云眾生之一」，因為那代表我們得接受人就是會有「殘疾」，得去面對「負面」的事，這對很多人來說是有難度的。

莎拉．阿美在其著作《幸福快樂的承諾》（*The Promise of Happiness*）中詳盡闡述，我們為什麼會將身體的這些狀況視為一種威脅，或是這樣為什麼會帶來不舒服的感覺。事實上，快樂、不快樂，都是我們自己賦予的，而從古至今，虛弱、殘疾或生病的身體，總是會被貼上不快樂的標籤，或者我們會很主觀地認定那樣的身體不可能快樂。所以眼前出現有違傳統健康定義的身體時，我們也被迫面對自己的健康及死亡。這讓我們意識到，健康不是永恆的，任何人都無法絕對掌控自己的健康。因此不完好的身體、不夠正向積極或快樂的情緒，都會讓我們本能地想要遠離。

花點時間思考一下，我們都是如何回應那些與疾病或殘疾共處的人呢？我們總是希望他們可以適應現況並且加入正常身體的世界，或是乾脆滾遠一點。對於生病的人，我們會說「早日康復」；對於有殘疾的人，則只有在他們克服所有困難，其成就與毅力達到激勵人心的效果時，我們才會慶祝他們的殘疾。只有在看起來健康快樂的情況下，人們才會容忍殘疾和疾病的存在。健康和幸福感幾乎是密不可分，所以如果你不健康，那麼你至少要是快樂的。但是對很多人來說，這個不可能的任務太過殘酷了。

如果想要拿掉健康、疾病、殘疾等議題當中的有毒正能量，得先有面對現實生活困境的覺悟，也要先承認我們都可能在人生的某些時刻遭遇短暫或長期的病痛或失能。但健康跟幸福感並不是套裝的，即便不符合現行定義的「健康」，依然能夠活出完整且有意義的人生。

我們是否能允許那些有殘疾的身體存在呢？包括他們的情緒、缺陷及各個面向。我們是否能允許人們表達自己、分享自己的感受，而不在意他們的健康狀態呢？也許真正的健康與幸福感代表我們不要只允許開心出現，卻排擠痛苦的存在，多想想該怎麼做，才能讓世界更加接納病弱與殘疾。我相信這是個艱鉅的任務，但如果我們的集體幸福就靠它了呢？

別阻礙我追求自己的幸福

人們對於幸福感的追求也助長了種族主義和反移民情結，因此才會出現「憤怒的黑人女性」「憂鬱的移民」「模範弱勢族群」等名詞。與病弱殘疾的情況相同，我們又再次以追求幸福之名，用科學研究處置這些議題。

一九〇〇年代早期，情緒控制被視為一種美德，科學家指出特定種族有比較好的情緒控制能力。越能控制自身情緒反應的群體，就會越文明。基於這點，科學家與國家領導人開始想要創造能夠掌控快樂的「進化烏托邦」，裡頭全都是有能力快樂的人。也就是說，他們想要消滅那些展現過多負能量、阻礙人們追求快樂的族群。

在當時，「憂鬱的移民」這個形象頗為人所知，並認為憂鬱是種缺乏智慧的表現。在第二次世界大戰前後移民到美國境內的人（尤其是猶太人），被鼓勵要盡可能忽視自己所受到的創傷和戰爭留下的痛苦，最好閉口不談。如果他們不夠正面積極，就會被視為適應不良或缺乏情緒調節能力，嚴重的話甚至會威脅他們在社會上的地位。移民評估的過程中，也特別強調積極適應的能力與生產力，卻完全無視環境的影響。戰爭之類的重大創傷本來就很容易造成情緒調節問題，更會令移民者難以迅速融入新的文化環境。社會用極高的標準審視移民者，如果他們表現得不夠好，或是做了任何會威脅群體福祉的事情，就可能被排擠。

有毒正能量也很常用來要求原住民與黑人族群保持沉默、要他們過好自己的日子就好。科學研究甚至舉出證據，認為黑人的腦容量較小，因此情緒調節的能力比較不好，會威脅到全民福祉，因此最好把他們排除在群體之外，盡量減少接觸，才能避免讓適合存續的個體，遭受對種族有害的情緒及行為所影響，進而破壞幸福與健全的社會。具體來說，種族隔離是為了「保護」白種人不會被本性不良的種族所害。

我們不斷看到幸福感與正能量被用來作為武器，對付有色人種以及移民。「我們不能好好彼此相愛嗎」「我們都是一家人」，時常用來結束與種族歧視有關的話題，用以創造更多「幸福感」與凝聚力。問題是，這麼做只是犧牲與忽略另外一個族群的感受來成就自己的幸福感。我們何不乾脆說：「我很遺憾你覺得受傷，但你的負能量與種族歧視的反應實在煩死人了，可以不要再鬧了嗎？」

在正能量文化裡，我們期待移民者與有色人種感謝他們擁有的一切，認同開國元老對幸福感的追求與做法。如果他們不滿意，大可滾回原本的地盤，不用跑到異鄉生活。我們也會下意識地利用刻板印象，強調他們如何成功適應這個制度，像是稱讚對方是位堅強的黑人女性，卻從不疑惑為什麼黑人女性得要堅強、我們憑什麼把這樣的期待強加在她們身上。至於開心的、有貢獻的移民者，則因為克服困難、實現美國夢而獲得讚揚。雖然這些刻板印象是正向的，大家也用以作為肯定與稱讚，卻讓這些族群裡的人過得戰戰兢兢，彷彿無法滿足這些條件的人，也會被自己族群的人排擠或鄙視，因為他們是害群之馬。

時至今日，種族主義和其他類型的壓迫變成是自找的。如果一個人沒有辦法適應，代表他還不夠努力。他們太負向思考、太憤怒、太不友善、不夠專業、抱怨太多、不懂感恩，而且無法與別人好好相處。指出體制上的缺陷往往會被視為異端。我們獎賞努力維持正能量、不得罪任何人或破壞任何常規的人。我們用正能量來維持整個體制與「保持和平」，但這個基礎已經開始崩壞，有些人再也不願意繼續忍讓了。

想在群體裡造成改變，最有效的方法就是發脾氣及表達不滿。這個社會很習慣用充滿正能量的金玉良言、對幸福感的追求，來要求人們乖乖配合及保持沉默。這當中潛藏著一個流傳已久的信念：如果你太吵，就會威脅到我的幸福，而我有權利追求自己的幸福，因此任何可能威脅我追求幸福的事都是不好的、造成不便的，說什麼都該被剷除。

幸福主婦vs.憤怒女權

長久以來，女性一直困在有毒正能量的枷鎖中。

「快樂的家庭主婦」這個角色體現了近代對於女性形象的定義，期望她們即使在非常艱困的環境裡，也永遠保持積極樂觀的態度。但這根本就是幻想！想像一個容光煥發、整潔得體的女性在洗碗，每晚都帶著微笑把煮好的晚餐端到桌上，每天都興高采烈地做著家務事並因此感到滿足，還會想辦法促進全家的幸福感。

當這個形象在西元一九五〇到一九六〇年間廣為流傳時，其實有許多女性已投身職場。基本上，大概只有白人女性有足夠的時間和財力能待在家裡實現這個幻想。美國作家貝蒂・弗利丹（Betty Friedan）大肆批評這個幸福主婦的幻想，提倡女性應該要從家庭中被解放出來。但女性主義作家貝爾・胡克斯認為，弗利丹並沒有提到女性離開家庭尋找自身快樂時，那些原本由女人負責的家庭事務該由誰來處理。結論想必是由有色人種的女性進到家庭扛下那些工作，讓白人女性獲得解放。這表示只有部分女性能夠從「幸福主婦」幻想裡解脫，其他人則繼續反覆煎熬。

白人女性以為離開家就能找到快樂，結果卻找不到，才知道問題其實一直都沒變。即使在外工作，男女酬勞和責任的部分依舊不平等，性騷擾更是屢見不鮮。即使忙了一天的工作，家裡依舊期待女性回家後負責大部分的家務事。社會用幸福感來綑綁女性，企圖將她們固定在傳統性別角色的框架，例如幸福的家庭要有乾淨且美麗的房子、一男一女的婚姻、有教養的孩子，以及一個有著備受崇敬的工作且收入良好的父權形象人物。如果你擁有這一切又安分守己，你就能擁有幸福；如果你沒有，那就是你的問題。

在這種情況下，任何不想配合演出的人都被視為負面思考、掃興。莎拉・阿美在《幸福快樂的承諾》裡就談到女性主義者是如何「掃興」。我們得要扮演某一種典型的性別角色來營造一個理想的家庭，才會獲得幸福，因此有了「幸福主婦」這個角色。女性主義者打破這種邏輯，認為將女性局限在家庭裡是不對的，因此很容易被視為是負面思考的人，也常被視為不被愛或無法融入其他女性。事實上，女性主義者只是比更多人還能注意到，在這樣的角色框架之下，其實會衍生出許多問題和不滿。

時至今日，我們還是能在各處看到以各種方式呈現的「幸福主婦」。例如社群媒體上的「媽咪部落客」（mommy bloggers），透過成千上萬個帳號在網路上張貼完美媽媽和完美主婦的影像，而且通常都包含幸福的婚姻、亮麗的打扮、有教養的孩子、令人羨慕的房子。正面積極的態度讓這些人迅速爆紅，刻意編纂的內容讓人分不清是幻想還是現實。於是，我們以為自己也可以達到那樣的境界，但那是因為我們沒有看到影像背後的故事。這些精心策畫的內容讓我們以為一切都是真實的存在，因此沒有必要去質疑。

還有一種新的形象：擁有一切的女人。她既是事業女強人，也是完美的媽媽，更是貼心的妻子。你發現了嗎？不管在事業上多有成就，女性依然要能繼續維持她在家庭、教養孩子及婚姻裡的性別角色，而且一切還要看來不費吹灰之力，否則將無可避免地遭受批評。而想像與現實的界線在此開始模糊，彷彿只要心態正確與努力付出，你我都有機會美夢成真。

有毒正能量在女人之間極度猖獗，只要稍加抱怨當媽媽的辛苦、埋怨婚姻問題或工作上的事，就會被當成沒同理心、充滿負能量、不知感恩。我也曾經困在這些想法裡好久，漸漸才學到如果我們期待自己什麼事情都可以「做對」，就會離快樂越來越遠，因為要成為完美的人實在太難了，幾乎是不可能的任務，也不可能同時做那麼多事情。所以，我們可以在需要時找人幫忙、可以一邊抱怨一邊感恩、可以挑戰所有灌輸給妳如何成為女人的觀念，然後為自己創造出一個專屬於妳的定義。不管別人怎麼洗腦，記得恪守嚴格的性別角色或規範都不會讓妳獲得幸福。

跟我這樣做，幸福馬上來

我幾乎每天都對自己的身體有負面的想法，甚至花了好幾年才發現，就連在健康檢查或談及外表的時候，我也都是用比較負面的方式在看待自己的身體。說真的，我以為身為女人就是會這樣，我的母親會這樣做，我所有的朋友也都會這樣做，而這也是我們如何維繫關係，以及談話時的重要主題。

隨著慢慢不再追蹤紙片人網紅，我接觸到更多元的觀點與反對節食的聲音。這時我才發現自己透過社群媒體不斷接觸節食文化與身體接受度的概念，一股突兀、眼界大開、解脫及驚恐的感覺同時朝我湧來，也才看見人們多常把纖細的身材和健康幸福連結在一起。健康與追求苗條或有毒正能量脫離不了關係，它們手牽手、心連心，彼此支撐著彼此。

節食文化販售著幸福、健康、苗條的保證，可說是價值不菲。我們一方面透過自己的不安全感來獲利，卻又承諾讓自己脫離這種感受。我們不停向自己灌輸：只要打敗一個不安全感或減掉一磅，總有一天就會獲得幸福。販售相關產品的廣告永遠瀰漫著無可救藥的正能量：面帶微笑，樂觀的人們與朋友嬉鬧走過沙灘。他們賣的是一個永遠不可能實現的幻想，你不會因為換了一個身體就變得幸福。如果你曾邊回顧自己的照片邊想：「哇！當時的我看起來好棒！」然後回憶起那段時間你是如何打擊自己，就知道我在說什麼。這是一個永遠不會停止的循環。

《無須為你的身體道歉》（*The Body Is Not An Apology*）的作者索妮雅・芮妮・泰勒（Sonya Renee Taylor）曾在她的現場談話節目裡提出一個很重要的問題，來幫助我們面對這些以幸福和苗條為噱頭的欺騙性行銷。她請聽眾們思考：「誰因為我的不安全感而獲利？」我非常喜歡這個問題，當我與節食文化奮戰時，很常用這個問題來幫忙自己，也很常把這個問題用在與個案的工作上。當我們向自己問這些問題時，就能從第三者的角度，真實地看見業者如何利用我們的不安全感，拿永遠不可能兌現的承諾來販售商品。

有毒正能量讓節食文化不斷延續，但它同時也出現在身體自愛的場域裡。第一次接觸到「身體自愛」的概念時，我非常好奇，心想這比我不斷批評自己的身體更好，肯定也比節食文化好，只是有點矯枉過正了。突然間，我們被期待要愛自己的身體、讚美自己的身體，還要溫柔地對它們說話，用更溫和的方式談論它們。節食了大半輩子，我和我的個案們反而覺得「身體自愛」有點遙不可及。從這裡，也可以看到有毒正能量多麼複雜了。這與正向肯定語有異曲同工之妙，因為突然間過度正向地看待自己的身體，說不定帶來的利還會大於弊。因此我也決定告別身體自愛，轉而投向身體中立與身體悅納的懷抱。

「身體中立」（body neutrality）這個詞，二〇一五年時在網路上開始獲得關注，到了二〇一六年，安・波利爾（Anne Poitier）在靜修過程中談及它之後，才開始變得廣為人知。身體中立是指如其所是地看待你的身體，並感謝它協助你完成每日所須的活動。身體各個部位皆有其價值，儘管他們功能不同或者各有限制。比起只把焦點放在愛自己的身體，我們更需要釋放自己對於身體的強烈情緒反應或評價，這對於焦慮、憂鬱及整體的幸福感也都有幫助。保持這樣的心態，代表即使身處以健康快樂之名吹捧「瘦才是王道」的世界裡，偶爾仍會對自己的身體有負面想法，這是很正常的，不代表你有問題。

他們擁有的那麼少，卻那麼快樂

儘管我們每個人對於幸福都有一套自己的定義，卻還是會把它視為能夠被衡量的東西。於是，握有權力與資源的人很容易能夠決定什麼是幸福、如何達成幸福，以及誰能擁有幸福。這讓我們以為，世界上最富有且工業化程度最高的國家，就是最幸福的國家，但事實根本不是如此。

我們也認為有錢就會快樂，因此賺越多錢會越幸福、買越多東西會越幸福。一台新車、一幢新房子、一雙新鞋，這些看起來能讓我們快樂的東西都需要花錢，我們也打從心底深深相信有了這一切，生活就不再痛苦。所有廣告都看準我們渴望擁有滿足且快樂的人生，因此總會營造出只要擁有某個產品，人生就會更加圓滿的意象。萬一沒有呢？我們會繼續尋找。也許我們只是沒有挑到合適的車子，或者我們需要更大的房子，又或者這雙鞋已經過時了。但其實不管我們買的是什麼，帶來的快樂都是稍縱即逝，再不然就是根本毫無快樂可言。

財富與幸福感的關係很複雜。許多研究者試圖解釋，為什麼有些人明明擁有的很少卻過得很開心，有些人明明擁有很多卻過得很悲慘。在近期的一項研究中，高收入者在日常生活中比較不會有壞心情，卻也沒有獲得比較多幸福感。金錢或許不會為某人帶來快樂，但能讓一個人對自己的生活更有掌控感，也就比較不會整天愁眉苦臉。

很顯然地，有毒正能量也讓近代的社會階層結構變得更明顯，把財富跟幸福感畫上等號。無形中，這讓窮人對於追求幸福感要克服的困難更有壓力。在西方國家裡，有一些族群缺乏機會或資源，卻過得很開心。不管是要透過傳統方法獲得財富與幸福感，或是接受自己做不到卻仍得表現出開心的樣子，都會造成很大的壓力。「被迫感恩知足」就很常出現在這種狀況之中，這些人明明只獲得最低限度的東西，卻被期待要時常保持正能量並且感謝自己得到的。

對於無法獲得財富與幸福的人，我們往往先責難與檢視他們的態度，像是還不夠努力、不夠正向思考、應該要可以顯化富足、用受害者心態在生活等等。我們幾乎不會檢討是不是整個體制出了問題，反而用有毒正能量裡常見的個人歸因來看待這一切。財富與幸福感沒有絕對的關係，金錢更是如此。事實上，像是安全的居所、品質良好的關係、適量的食物與營養、充足的醫療保健等等，都是構成幸福感的來源。與其把重點放在財富，不如把時間心力花在思考如何改變社會體制與現狀，讓每個人能擁有更平等的立足點，擁有更多與幸福感相關的元素，人們就能夠找到屬於自己的幸福。

只要你快樂就好

在LGBTQIA+[1]的社群裡也會看到有毒正能量的存在。起初，這些族群被視為是有罪的，所以只能在見不得光的角落偷偷摸摸過生活。不管是政策決定者還是研究人員，都再度使出他們對付移民、殘疾及有色人種的那一招——移除掉這些人就不會危害到整個社會的福祉。

雖然隨著文學，關於酷兒族群的討論逐漸進入主流社會，撰寫同志族群的書籍卻往往只有悲傷的結局。一個酷兒可以活出他的性傾向，卻沒有機會獲得幸福。為了簡化所有事情，我們一方面鼓勵人們做自己，一方面又希望他們不要太特立獨行，才有機會獲

譯注① 「性小眾」的總稱，包含女同性戀（Lesbian）、男同性戀（Gay）、雙性戀（Bisexual）、跨性別者（Transgender）、酷兒或疑性戀（Queer / Questioning）、雙性人（Intersex）、無性戀者（Asexual）或支持性少數族群的盟友（Ally），最後的十代表其他無法歸入以上分類的族群，同時開放未來更多可能性的概念。

得幸福。莎拉・阿美將這稱之為「幸福腳本」（happiness scripts），裡頭對於我們應該怎麼做、怎麼過生活有著明確的設定，也就是如何才能幸福的說明書。只要按部就班，正確地完成每一步，幸福就會降臨。

為了讓事情對LGBTQIA+族群簡單一點，我們鼓勵他們「做自己」，卻同時希望他們可以盡量按照異性戀者的幸福腳本生活。這意味著你可以做自己想當的人，但真的想獲得幸福，你還是要結婚、生小孩、有工作。比起以前，我們或許更接納各種性向認同及多元關係，但對於這些做出不同選擇的人，想獲得幸福及總得保持正向的壓力卻反而更大了。人們會說：「我不在意你愛的是誰，只希望你快樂。」這句話的潛台詞就是：希望你這個與眾不同的「選擇」，能為你帶來快樂；萬一你過得不快樂，就代表這個選擇是有問題的。

如果你是跨性別者或酷兒，而且親密關係最後以悲劇收場，往往會被認為問題就出在你的性傾向和性別認同。或許你根本不屬於這個族群？會不會這個不愉快的結局代表你自己也很困惑？「希望這些決定都能夠喜劇收場」，本身就帶來很大的壓力。明明異性戀者的離婚率、對婚姻的不滿也已高到需要警戒的程度，我們卻還是有著這樣的期待與要求。

這種壓力通常也延伸到身分認同。我們常認為來自LGBTQIA+族群的人宣告或接納自己的身分認同時，他們在這世界上遇到的問題，從那一刻起都將迎刃而解。一夜之間，他們會變得開心、變得充滿自信，而內心所有痛苦掙扎都會消失。對某些人來說，公開承認身分也許是有助於減輕痛苦的關鍵；對很多人來說，這可能只是問題的一部分。同樣的，如果還是很痛苦，表示你的決定可能有問題或是需要重新檢視。說不定你搞錯了，搞不好你其實是異性戀，搞不好你並不是跨性別者，你確定這真的是你想要的嗎？這一切彷彿在說：唯有你的決定可以帶來正能量、幸福與堅定不移的承諾，這個決定才是正確的、才是能被接受的。這就是一種有毒正能量。

如果想要從LGBTQIA＋認同的議題上拿掉有毒正能量，就需要視人們為各種情緒的綜合體，而不是觀察他們的身分認同、感情狀態，或是他們如何稱呼自己。只因為他們能展現真實的自己，就期待他們會有源源不絕的正能量，或從此就能過著幸福快樂的日子，這樣的想法是幫不上忙的。比起將之視為獲得幸福與正能量的魔杖，我們更應該把身分認同、自我表露視為他們在釐清感受及自我探索的過程中，努力跨出的一小步。

“

開心的事才值得做。

Whatever you decide to do in life,
make sure it makes you happy.

”

活出可以挑戰你、滿足你、帶來意義與快樂的人生。
敞開心房迎接所有情緒和體驗，
從中發掘你的價值觀，然後帶著它一起前行。
生命中的困頓與傷害讓人痛苦，
卻也因此讓生活變得更有層次啊！

chapter 09

如何尋得屬於你的圓滿？

是啊！人生好難！但我們不需要一直處在痛苦當中。人生就是有苦有樂，不管好的、壞的、不好也不壞的，我們都可以接納它們的存在。

看完這本書，你已經知道如何分配適當的比例給抱怨和感恩、負能量與正能量，也懂得同理與設定界線，這些都能讓你擁有更滿意的生活。

我們都知道，一味保持微笑與正面積極的態度無法解決生活中的重大議題。我們得找到方法來容許好壞並存，然後一邊過著符合我們獨特價值觀、目標與才能的生活。

不再執著於追求幸福

首先，我們可以放下對於追求幸福的執著。我知道這聽起來很違反本性，如果不追求幸福，又要如何變得幸福呢？

不妨先從以下幾個問題看起：

- 如果幸福會讓人生變得有意義，為什麼大部分的人還是很悲慘？
- 執著於追求幸福，真的有為你帶來更多幸福嗎？

■ 你人生最幸福的時候是什麼樣子？當時也有其他情緒存在嗎？
■ 你是否在等待「天啊！我終於找到幸福了！」的那個歡愉瞬間？

我們的文化在這幾世紀以來一直著迷於推動幸福，但似乎沒有奏效。研究結果發現，人們越是把幸福當成一個目標，就越不容易覺得幸福。比起其他國家，美國投注更多金錢、能量、時間去尋找幸福，卻沒有因此變得比較幸福。根據社會概況調查（General Social Survey），美國人的幸福感程度自一九七二年來幾乎沒有什麼變化。

換句話說，儘管我們盡了一切努力想要變得開心，也把所有焦點都放在促進幸福感上，但顯然有些地方依舊行不通。

當你上網查詢「通往幸福的祕訣是什麼？」馬上會跳出四・八億個搜尋結果，告訴你要如何達成這個難以捉摸的目標。有些方法是重複的，例如人際關係和感恩的心就經常被提到；每個方法也都自稱有科學根據，只是從不同的角度和技巧切入；每項研究還會針對不同族群進行比較，卻甚少將文化因素納入考量，但不同族群間的幸福感會有所差異，往往和文化因素有關。

能讓你快樂的元素其實是不斷演化與改變的，而這取決於你的居住地、性別、年齡以及其他因素。

我們不斷被灌輸通往幸福的途徑是固定不變的，也不會因人而異，彷彿它是一套經過文化認可的標準化程序，只要照做，就能獲得幸福。最常見的流程就是保持健康，好好上學，畢業後找個工作，結婚，生小孩，退休，然後迎接死亡。當你一一完成這些項目，還要表現出感恩的心、要有正確的心態，而且不能抱怨。不幸的是，有太多人無法達成上述這些「里程碑」，又或者只是單純不想做。

我就是那個按照流程走到今天的人，我完成了社會期待我做到的每一件事，包括在「正確的」時間點進行，而這帶給我許多滿足感與快樂的感覺，因為這些是我想要的也是我所重視的。

如果這也是你想走的路，那很好。但不管是以心理師的身分，還是以朋友、家人的身分，我走這條路時已經體驗到需要不斷追求幸福的感覺，深知如果完成每一步卻沒能得到幸福，著實會摧毀一個人，並覺得自己是失敗者。

儘管同樣是要前往幸福，會不會其實每個人要走的路都不同呢？會不會其實我們一直以來被教導的東西，都是模糊不清、無法衡量也根本無法達成的呢？

這就是為什麼我希望大家能放下對於追求幸福的執著，轉而去尋找滿足感、去找到屬於自己的路、去過符合你自身價值觀的生活。或許你走的路是屬於「傳統的路」，也或許不是，但無論你該走哪一條路，都是值得的。

活出你的價值觀

想要找到滿足感，需要能以自我的價值觀生活。透過價值觀驅動的生活，與透過幸福感驅動的生活，兩者是很不一樣的。

在幸福感驅動的生活裡，我們會把焦點放在維持好心情，只想擁有正向且快樂的經驗，然後以獲得幸福感作為最終目標；在價值觀驅動的生活中，則會讓我們看到什麼對自己而言是重要的，然後想辦法去達成。換句話說，當我們過著與自身價值觀相符的生活時，不見得總是能開心或感覺良好，但會讓我們更貼近真實的自己，並獲得自己想要的。

幸福感驅動的生活	價值觀驅動的生活
①只考慮能提升幸福感的東西、想法、經驗、人物。	①知道生活中有哪些事物、想法、經驗、人物是你所重視的。
②只要跟著正確流程走就能獲得幸福，即便那不見得是你想走的路。	②透過自身價值觀來指引方向、鞭策努力。
③痛苦、負面的想法都會對幸福感造成威脅，需要加以去除。	③你感受到的痛苦、抱怨及挫折，多半都反映出自己的價值觀，因此這些情緒或感受都是可以被接受的。
④任何喜歡抱怨、唱反調或造成心情糾結的人，都會剝奪你的幸福感。	④你可以根據自己的價值觀來選擇想要的關係，同時知道關係並不永遠都很簡單或很美好。
⑤只要全心全意追求，幸福絕對會來臨；如果你沒能獲得幸福，表示你還不夠努力。	⑤依據自己的價值觀來過生活可能會帶來幸福，也可能會造成痛苦，這兩者是可以並存的。

想要活出自己的價值觀，我最愛用的工具就是接納與承諾療法，這有助於提升心理彈性。這是明知會不舒服或痛苦，卻依然能面對感受與身體感覺時的能力。心理彈性讓我們能不帶評價地去看待自己的情緒經驗，不再基於想逃避不舒服或痛苦的感覺做出人生的決定。不斷尋求幸福感或正能量，只會造成更多的逃避，尤其當我們以為負向思考會導致人類滅亡，更會變本加厲地執著於正能量。因此，別再只是尋找什麼能讓我們感覺「良好」，而是去看哪些事物能讓我們更貼近自己的價值觀。

想要過著由價值觀驅動的生活，第一步就是要先了解自己的價值觀。記得，這些價值觀有可能隨著你的生命經驗而改變，畢竟人心本來就是變動的。我們並不是要拿價值觀來當人生教條或命令，它們只是一個指引，幫助你做決定並且從中獲得滿足。

生活的四大領域有教育和工作、關係、個人成長、健康及休閒，你可以先思考自己在這些領域裡的價值觀是什麼。每個人的價值觀可能不盡相同，所以並沒有哪一個才是「正確的」。

在每個領域裡，都問問自己：

- 什麼是我覺得重要的？
- 什麼是我在乎的？

■ 我想朝什麼方向努力？

■ 我成長的文化環境與家庭灌輸給我什麼樣的價值觀？這些價值觀對今日的我依然重要嗎？

價值觀並不是目標，而是生活的方式。例如你希望每周至少花一個晚上與伴侶相處，意味著你認為關心伴侶、當個細心的伴侶是重要的，而你用來體現這個價值觀的方式，就是花時間陪伴對方。

如果你不清楚自己的價值觀，不妨先想想你想達成的目標和行為，以及哪些價值觀可能有助於促成這些目標和行為。網路上也有很多很棒的價值觀清單，不妨查找來參考，或許可以幫助你好好思考自己的價值觀。

假如你很重視與家人的時間，一個禮拜卻花了八十個小時在工作，可能就需要運用創意去發想如何體現這個價值觀。這個練習也可以幫助你確認自己的價值觀，並釐清對你而言，與家人間的親密感是否真的比工作還要重要，還是你只是覺得「應該」要如此。

如果能夠經常確認自己的價值觀及生活的方式，那就太好了。你的價值觀會隨著年紀及生活轉換而改變，所以它是隨時都可以調整的。當你依循自己的價值觀而活，許多事情都能帶來滿足感與合理感。

或許你不會總是「感覺很好」，卻會知道你正在活出自己想要的樣子。

你也是有血、有淚的人啊！

有毒正能量最糟糕的其中一件事就是，如果在錯誤的時機使用，會否定我們的感受，讓我們感覺更糟。有時我們確實需要些許鼓勵來度過難關，像是只差臨門一腳就能完成一項任務，或是在前往下個目標的途中變得迷惘，這些都是有可能發生的。這時，同理與接納非常有用。除此之外，我們可能也需要不時給予自己一些小小的鼓勵喊話。

如果你能從本書裡學到一件事，我希望會是：能夠知道自己何時需要同理、何時需要加油打氣。這會是非常強大的力量。有時候你可能只需要其中一種，有時候卻兩者都需要。我們得知道如何小心使用接納及敦促，一旦沒有分配好比例，結果可能就不太好了。

能夠同理自己、接納自己的感受是非常重要的，但過猶不及，我也不想大家跳脫了有毒正能量之後，又掉進過度接納並困在裡頭。因此在談論接納之前，也想先讓大家瞭解，我們依然可以試圖對情緒提出質疑、試著對它有不同的看法，或是不百分之百確定它是真的。這些都不代表我們在施展媒氣燈效應。我們要做的，是接納自己的情緒，但不要迷失在裡頭。

先來瞧瞧接納是什麼，以及它為什麼如此有用。接納看起來或許有點像贊同，但其實不是。

表達接納時，你只會說：

- 我很高興自己是個有血有肉有感覺的人。
- 即使不太合理，但這就是我目前所感受到的。
- 讓感覺出來、讓感覺過去，接著進一步去探索它或者繼續前進。

在遭遇困難時，接納往往是我們最需要的東西。當我的個案面臨生活中的挑戰時，我會先接納他，再為他加油打氣。這有助於我們穿越生活的風暴，等到脫離之後，就能決定接下來要做什麼。

像是：

- 那就是很衰的一天或一段時間，但你可以繼續前進。

■ 那些反應似乎是其來有自，而你想要進一步探索。

■ 你只是想先獲得更多的支持，再用不同的角度看待它或是繼續前進。

接納是整個過程的開端，帶我們邁向瞭解或釋懷，它的效果要比羞愧、罪惡感或者有毒正能量好得多。只要我們願意接納以及換個角度看事情或學習，將能迎來許多美好。

想活出由價值觀驅動的滿足人生，端賴我們知道該接納什麼、何時該給自己一點小小敦促。不妨先試著從接納自己開始吧！直到你不再覺得有任何羞愧或罪惡感，能夠如實接受自己的感覺。然後，如果有什麼你非常想達到或完成的，或許可以試著鞭策自己一下。慢慢來，隨時注意是否又有罪惡感及羞恥感浮現，如果這些感覺變得越來越嚴重，甚至讓你失去幹勁，或許該給自己一些鼓勵。

像是：

■ 「我覺得＿＿＿＿（難過、生氣、沮喪等），我允許自己有這些感覺，代表這件事對我來說很重要，所以我要更專注。」

■ 注意到你的感覺，並選擇像散步或做些能快速調節情緒的事情，然後再回到你需要做的事情上。

- 「我出現了一些感受，我允許自己稍後再來處理它。現在，我得要先完成眼前的事情。」
- 思考你需要或想要完成這項任務的理由，重溫自己的初衷。

以上這些並沒有絕對的公式（相信我，可以的話我也希望能給出公式之類的東西）。重點就在於接觸你的價值觀及目標，了解你對於接納和稍加敦促的反應會是什麼。每個人需要的比例可能不同，視情況而定。

偶爾放棄一下也無所謂

因為人人都希望自己能變得更好、感覺更好，開始嘗試過著以價值觀驅動的生活時，可能會希望自己一夕之間就能做到。但我不想要你像其他自助書籍說的那樣，我反而希望你慢慢來，讓自己有機會休息，甚至偶爾放棄一下也無所謂。

我知道這看起來很違反直覺，但請你試著這麼做。

我認為內省和為自己努力的價值非凡，所以才會寫了這麼一本書，並且每天在社群媒體上發表如何促進自身心理健康的相關文章。我們都可以透過自我探索及自我精進來讓自己成為更好的夥伴、家庭成員、朋友與同事。有時候，如果我們想維持生活的某一些部分，還真的得這麼做。心理疾病與心理健康的議題都是真實存在的，也需要處理、治療，更往往得透過專業的協助才能恢復。

但我也在Instagram、辦公室寫滿預約的牆上看到某種危險的模式，人們漸漸沉迷於所謂的「療癒」。

這是他們最在意的事情，也是他們認為自己一定要做的事，就好像「健康食品癡迷症」[1]，只是換成心靈版，固執地尋找每件事的「根本原因」，自我診斷，然後開始追溯自己童年時期有什麼樣的創傷或事件，導致他們現在出現這樣的行為。永遠都有數不盡的心靈書籍、心靈清單、心靈金句、心靈課程保證能幫你成為更好的自己。從另一個角度來看，當人們因為無法成為那個「更好的自己」而覺得自己有缺陷、失敗或不足時，

譯注① orthorexia。對於健康飲食的偏執，如異常執著於只吃乾淨、純粹的食物。

會不會也意味著這些自我精進的正向追求其實是有問題的？

過度追求療癒或自我精進，確實有可能造成反效果，要如何看出是否已有負面影響出現呢？

以下是幾個主要的徵兆：

- 不斷發現自己有地方需要改善。
- 認為自己身上一定哪裡出了問題。
- 認為一定要把自己「修好」或改變，才會被他人接納。
- 只要沒有持續追求幸福、健康或自我提升，就會覺得很不舒服或過意不去。
- 批判沒有持續療癒或改善自己的人。
- 不允許自己去感受或體驗不舒服的情緒，因為這意味著自己還沒有被「療癒」。
- 每天從事的活動，幾乎全部或大部分都跟健康及自我提升有關。

我發現，當一個人幾乎投注所有心力在療癒自己，而不是好好過生活，或多或少都會出現上述跡象，但他們其實是在為一個根本不存在的結果努力。

我自己也曾經出現其中幾個狀況。

為了成為心理師，還在受訓時的我非常專注於在個案面前展現出「最好的」自己。在晤談室裡，我應該是能帶領個案前進的人，也要能以身作則，所以我認為應該要先把自己療癒好、整合好才對。我也非常渴望自己的感覺可以不見，這樣才能極度專注在個案身上去治療他、了解他。

但現在，我已學會在治療的過程中順其自然。當我想要閱讀自助書籍時，就拿起來看，不想看時就丟到一旁。我也能好好享受生活、體驗我的情緒，有事情需要處理時再打起精神來。如今，一切都是自我接納和成長的過程，不再是一場追逐完美的競賽。

事實是，永遠都有東西需要修復或改善，但不要永遠都在追求健康、幸福或快樂。

你可以：

- 看一些沒營養的電視或電影。
- 放空什麼都不做。
- 睡覺。
- 吃些好吃但不見得有營養的食物。
- 單純因為好玩去閱讀某些東西。
- 單純因為好玩動動自己的身體。

■ 滑滑社群軟體，打發時間。

說真的，不管是吃餅乾、看電影還是看書，不必每件事都得有益健康、知識、工作或是身體才行，大可因為想做而做。這不是比賽，即便你成為改善最多的人，依然看不見終點，也不會獲得任何獎盃。事實上，你可能會發現好不容易「修好」自己的某些部分，外界又會要求你調整其他部分。那個「最好的你」「最快樂的你」永遠都在伸手不可及之處，根本就摸不到，更甭談什麼享受。

坦白說，雖然搞砸了還是盡力而為、保有界線同時體貼他人、在需要的時候道歉與尋求協助，依循你的意願生活，你就已經是「最好的自己」了。過度追求自我提升並不是一件好事，在忽略自己的狀態下埋頭努力是危險的，可能會讓你失去關係、工作及生活的其他面向。

不要害怕休息，也不要害怕享受當下，即使這代表你要放下這本書、不再關注我的 Instagram 帳號。說真的，就去做你覺得自己需要做的吧！

今晚，不妨來點正向想像

在某些情況下，白日夢或正向想像可以帶來很大的幫助。《正向思考不是你想的那樣》（*Rethinking Positive Thinking*）作者歐廷珍進行許多研究，探討正向想像與夢想對動機的影響，結果發現：「脫離過去經驗的正向想像、願望及夢想，並不會讓自己更有目標或提升投入的動機，反而還會造成反效果。」簡單來說，只靠夢想或幻想不會提升你達成目標的動力。如果我想像自己成為職籃選手，但我非常清楚自己只有一百六十三公分高，而且已經超過三十歲。在這種情況下，我的想像就只會是想像而已，不會因此想投入心思去努力，因為我知道這根本不可能實現。

歐廷珍博士的研究發現，雖然夢想和正向想像在本質上無助於提升動機，或創造出更好的結果與表現，但在其他情境裡仍具備非常重要的功能。尤其當我們身處在難熬的情境裡，夢想與正向想像還有助於轉移注意力。戰場上的士兵、囚犯及臨終者，都會使用這個方法來幫助自己。特別是在一個只能等待但無法採取任何行動的情況下，正向想像能帶來短暫的安慰，協助人們度過等待的時光。

我們可以運用正向想像與白日夢來體驗達成目標的感受，或預想可能遭遇的困難及解決方案。假設自己成為一名律師，你可能會想像自己坐在氣派的辦公桌前、與同事出去玩、賺到大把大把的錢。而後，場景變換成挑燈夜戰堆積如山的文件，這時候你開始猶豫了。這樣真的好玩嗎？會不會其實你根本不想當律師？正向想像能引領你探索自己真正想要與不想要的，從而找到行動的起點。

簡單歸納一下，正向想像可以幫助我們：

- 面對當下的痛苦。
- 變得有耐心。
- 撐過自己無法控制的情況。
- 享受短暫的喜悅。
- 釐清自己想要的是什麼。

關鍵就在於掌握正向想像及付諸實行的時機。

走出自己的路

提升生活滿足感的方法有千百種，不會有適用所有人的方法。身為心理師，我太清楚這就是事實（而且很少有事情能讓我這麼說）。每個人都有屬於自己的價值觀、身分認同、生活經驗及文化規範。世界上沒有哪一套心理學理論或自助技巧能套用到所有人身上，這很正常。

想脫離有毒正能量、不再執著於追求幸福，需要能看見自己想要如何過生活，以及自己所做的選擇如何影響到身邊的人。優先考慮我們自身的需求，理解別人也擁有各自的價值觀及生活方式。我們無法替任何人決定他們的幸福，但我們仍能鼓勵人們為自己負責、設立界線、保護自己的能量。退出幸福追逐賽讓我們依循自己的方向前進，不用無止境地爭論要做什麼才能讓自己快樂，這無疑是種解脫。

離開通往幸福的既定道路，世界將變得開闊。你將能擁有完整的感覺：快樂與痛苦，安穩與苦惱，成長與停滯；你將能隨順生活流動，知道世界上並不存在名為「幸福」的終點。

這就是人生，有喜怒哀樂、有高有低、有變化也有混亂，這一切都令這趟旅程更添趣味。

後記

生而為人，辨別有毒正能量技能要有

在這本書裡我做了許多分享，或許多多少少挑戰了你對於幸福和正向思考的信念。我很感謝你敞開心房來閱讀這本書，我知道這並不容易。

以下是我整理的一些筆記，當你學到如何辨識有毒正能量，並開始帶著這本書裡的知識展開新旅程時，希望這能幫忙整合你所學到的一切。

- 你會感受到各式各樣的情緒，無論好壞，都請好好擁抱它們。
- 人際關係的品質最能用來預測幸福感的程度，回報你所愛的人，設定界線，然後記得世上沒有所謂完美的關係。
- 你也許會開始出現抱怨、有負面想法或感受，這不代表你的「振動頻率會降低」，或是一定會帶給別人「負能量」。
- 生命會帶來挑戰，也會送上獎勵。

- 快樂的感覺並不適合出現在所有時刻。
- 生命中發生的壞事並不是你顯化出來的，但在療癒的過程中，你絕對是不可或缺的存在。
- 並不是人人覺得所有事情會發生都有它的道理。你的人生會有屬於你的意義、目標及快樂。
- 宇宙很可能會帶來你不知道該如何處理的難題，但你會找到能夠幫助你面對這一切的人事物。

這股正能量有毒嗎？

有毒正能量雖然無所不在，但也不需要把任何開心或正面積極的事物都視為有害。記得，正向積極本身是無害的，但是它會在某些情況下變得有害。下表列出有毒的正能量及有益的正能量，好幫助你評估。

有毒的正能量	有益的正能量
①否定或評價人們正在經歷的感覺。 ②認為無法在事物裡找出正向意義的人就是充滿負能量。	①認同凡事往好處看的價值，但也允許人們能以自己的步調和想法，歸納出對他們有益的結論。
③鼓勵人們永遠保持快樂的心情，而且凡事都要往「好的」地方看。	②人本來就會有各式各樣的情緒，其中也包括讓我們萬分痛苦的情緒，允許人們能同時看到一件事的「好」與「壞」。
④會因為不想接觸任何的「負能量」而結束對話或關係。	③了解即使一件事情不具備任何正向意義，我們依然能從中獲得快樂。
⑤會用一些老生常談或是大道理來簡化別人經驗到的感覺，目的是為了讓對方「感覺好一點」或「度過難關」。	④容許他人表達情緒（在有界線的情況下），也容許自己表達情緒，知道人生有時就是要先苦後甘。
⑥只會把焦點放在「好的」而忽略所有「壞的」。 ⑦會讓辛苦度日或正在經歷痛苦的人感到羞恥。	⑤以完整而全面的視角看待事情。

所以，如果你在一間餐廳裡看到寫著「要開心喔」的標語，這大概沒有什麼問題，因為你來這裡本來就是要尋開心的。但有毒正能量會讓你對心情不好的朋友說：「你得想辦法好好處理你的負能量，我都快跟著你憂鬱起來了。」

看見這其中的差別了嗎？

並不是正向積極、快樂或散發正能量就是不好的，只是要注意時機、對象，以及正在討論的主題。當你發現自己落入有毒正能量的影響與掌控時，可以利用本書提到的方法來協助自己，發展出有益的正能量。

致謝

時值全球疫情大爆發，我懷著身孕完成此書。這稱得上是我執業生涯裡最具挑戰性也最有價值的一件事。如果不是有那麼多人支持著我，相信這一切也無法實現。

感謝我的丈夫。你義無反顧地支持與投入，賦予我走完這段歷程的動力。過程中，你的合約談判技巧與法律建議都很重要。能擁有一個希望對方成功且願意陪伴一起實現目標的伴侶，真的是上天給我的禮物。希望有生之年，我們都能在專業與生活的各個層面繼續支持彼此。我們是一個強大的團隊。

我也要感謝我兒子。寫書過程中，你為我提供源源不絕的荷爾蒙與情感，引領我發現自己不曾覺察到的感覺。感謝你讓我失眠，因而得以在極度安靜的凌晨完成許多篇章。我不曉得你的未來會如何，但我將永遠以你為榮，也希望這本書能讓你以我為榮。

感謝我的父母。謝謝你們讓我瞭解到成長與改變永遠都是可能的。母親，妳是我最棒的啦啦隊隊長、我最好的朋友，也是我永遠的支柱。妳從我開始在 Instagram 發文的那天起就支持著我，帶給我靈感；在我受到網路霸凌時挺身而出；同時為我校正許多拼音上的錯誤。感謝妳成為我一直以來最需要的母親。妳經營生活的方式，教會我無論何時才覺察到該把自己擺在第一位或學習新事物，都不嫌晚。我永遠不會停止每天打電話給妳，以及每天傳十封簡訊給妳。父親，你指引我實現自己夢想中的職業生涯，我知道自己走的不是一條傳統的路，也知道自己無法追隨你的腳步。感謝你教我要永遠窮源竟委，且該是自己的就不要放棄追求。

我要感謝我的妹妹。比任何人都堅強的妳，教會我如何抵抗有毒的正能量。看著妳駕馭自己的人生、順心而為，成為現在的妳，真是不可思議的過程。我好以妳為榮，謝謝妳每天都在教導我新的事物。

感謝我的姻親。謝謝你們成為我的新家人，三不五時關心我的工作並為我興奮不已。最重要的是，你們養育出讓我能放心依靠的男人，我愛你們。也感恩位在古巴南部大家庭的其他成員，因為有你們在我身後，所以我從不孤單，你們對我來說是獨一無二的。

感謝我的編輯瑪莉安、經紀人李蘿拉，以及整個 TarcherPerigee 的團隊，非常感謝你們採信我的想法和計畫，以及在整個過程中所給予的支持。你們讓寫書的過程變得既簡單又愉快，我非常感謝你們的引領、專業與奉獻，也永遠感恩能與你們一起合作，我好愛我們共度的每分每秒。

感謝我的 Instagram 社群，有你們的參與和支持，本書才得以成形。謝謝你們按下的每個讚與分享，也謝謝你們的留言與指教。我也要感謝我的個案，你們帶來無數啟發，教會我許多事情，能向你們學習是上天的恩賜，這本書是獻給你們的。

感謝我所有朋友，謝謝你們毫無保留的支持。你們分享了我的貼文，不停關注和詢問我關於這本書的事，還答應要買下所有的書。謝謝你們在我不確定「Instagram 心理師」前景為何之際，仍讓我保持動力繼續下去，我真心感謝每天都有你們陪我走過。

參考書目

第一章：什麼是有毒的正能量？

1. Ruan, Yan, Harry T. Reis, Wojciech Zareba, and Richard D. Lane. "Does Suppressing Negative Emotion Impair Subsequent Emotions? Two Experience Sampling Studies." *Motivation and Emotion* 44, no.3(2019): 427-35. https://doi.org/10.1007/s11031-019-09774-w
2. Ehrenreich, Barbara. "The Dark Roots of American Optimism." Essay. In *Bright-sided: How the Relentless Promotion of Positive Thinking Has Undermined America*. Waterville, ME: Thorndike Press, 2010（中譯本：《失控的正向思考》，2021年10月，左岸文化，台北）
3. Nicole, Riger R. "From the Archives: The Five Points of Calvinism." *Reformed Faith Practice*, May 25, 2016. https://journal.rts.edu/article/from-the-archives-the-five-points-of-calvinism/
4. 大英百科全書線上版查詢：https://www.britannica.com/event/New-Thought
5. Duclow, Donald. "William James, Mind-Cure, and the Religion of Healthy-Mindedness." *Journal of Religion and Health*, March 2022. https://doi.org/10.1023/A:1015106105669
6. Hill, Napoleon. *Think and Grow Rich*. Sound Wisdom, 2016（中譯本：《思考致富：成功致富

的13個步驟》，2013年8月，久石文化，台北）

7. Peal, Norman Vincent. *The Power of Positive Thinking*. Samaira Book Publishers, 2019（中譯本：《向上思考的祕密：奇蹟製造者的困境突破術》，2017年6月，柿子文化，台北）

8. Yakushko, Oksana. *Scientific Pollyannaism: From Inquisition to Positive Psychology*. Springer, 2019

9. Hicks, Esther, and Jerry Hicks. *The Law of Attraction: The Basics of the Teachings of Abraham*. 1st ed. Hay House, Inc., 2006（中譯本：《這才是吸引力法則：希克斯與亞伯拉罕的靈性對話》，2021年8月，商周出版，台北）

10. Coffey II, John K. "Happier Babies Have an Edge." *Scientific American*, October 16, 2019. https://blogs. Scientificamerican.com/observations/happier-babies-have-an-edge/

11. Vassallo, S., and A. Sanson(Eds.) "The Australian Temperament Project." Australian Institute of Family Studies, May 30, 2013. https://aifs.gov/publications/australian-temperament-project

12. Hurst, Katherine. "Manifestation Guide: How To Manifest Anything You Want In 24hrs." TheLawOfAttraction.com. Greater Minds. Accessed June 2, 2021. https://www.thelawofattraction.com/manifest-something-want-24hrs-less

13. Ottingen, Gabriele. *Rethinking Positive Thinking: Inside the New Science of Motivation*. Current, 2015

第二章・正能量為何失靈？

1. Eker, T. Harv. *Secrets of the Millionaire Mind: Mastering the Inner Game of Wealth*. Harper Business, 2005（中譯本：《有錢人想的和你不一樣》，2005 年 12 月，大塊文化，台北）
2. Fairs, Marcus. "Google Has Had Negative Effect on Office Design Says Jeremy Myerson." *Dezeen*, March 10, 2021. https://www.dezeen.com/2016/03/22/google-office-design-negative-effect-interiors-jeremy-myerson/
3. Janice, Irving. Essay. In *A First Look at Communication Theory*, 235-46. New York: McGraw-Hill Education, 1991
4. Duncan, Cath. "A User's Guide to Creative Tension." Productive Flourishing, June 7, 2010. https://www.productiveflourishing.com/a-users-guide-to-creative-tension/
5. Jimenez, Jacinta M. "Toxic positivity: The Unexpected Killer of Creativity in the Workplace." LinkedIn, November 27, 2019. https://www.linkedin.com/pulse/toxic-positivity-unexpected-killer-creativity-jimenez-psyd-bcc/
6. Dahl, Melissa. "Huh, Would You Belive That Forcing Employees. To Act Happy Is a Terrible Ida?" *The Cut*, November 7, 2016. https://www.thecut.com/2016/11/forcing-employees-to-act-happy-is-a-terrible-idea.html
7. Tritch, Teresa. "Engagement Drives Results at New Century." Gallup Management Journal, September 11, 2003. https://www .nova.edu/ie/ice/forms/engagement_drives_results.pdf

8. Bright, David S., Kim S. Cameron, and Arran Caza. "The Amplifying and Buffering Effects of Virtuousness in Downsized Organizations." *Journal of Business Ethics* 64, no. 3 (March 2006): 249–69. https://doi.org/10.1007/s10551-005-5904-4
9. Bright, David S., Kim S. Cameron, and Arran Caza. "The Amplifying and Buffering Effects of Virtuousness in Downsized Or- ganizations." *Journal of Business Ethics* 64, no. 3 (March 2006): 249–69. https://doi.org/10.1007/s10551-005-5904-4
10. Andrade, Gabriel. "The Ethics of Positive Thinking in Healthcare." *Journal of Medical Ethics and History of Medicine*, December 21, 2019. https://doi.org/10.18502/jmehm.v12i18.2148
11. "The Growing Crisis of Chronic Disease in the United States." Partnership to Fight Chronic Disease. Accessed June 2, 2021. http://www.fightchronicdisease.org/sites/default/files/docs/Growing CrisisofChronicDiseaseintheUSfactsheet_81009.pdf
12. "Disability Impacts All of Us Infographic." Centers for Disease Control and Prevention, September 16, 2020. https://www.cdc .gov/ncbddd/disabilityandhealth/infographic-disability-impacts-all.html（作者引用資料來源為美國疾病管制與預防中心）
13. "Well-Being Concepts." Centers for Disease Control and Prevention, October 31, 2018. https://www.cdc.gov/hrqol/wellbeing.htm（作者在此提及的幸福感概念引用自美國疾病管制與預防中心所提出的定義）
14. Chamberlain, Dale. "Why Christians Should Beware the Trap of Toxic Positivity." Her & Hymn, November 10, 2020. https://herandhymn.com/2020/06/25/toxic-positivity/.

15. Murray, Kelly M., Joseph W. Ciarrocchi, and Nichole A. Murray-Swank. "Spirituality, Religiosity, Shame and Guilt as Predictors of Sexual Attitudes and Experiences." *Journal of Psychology and Theology* 35, no. 3 (2007): 222–34. https://doi.org/10.1177/009164710703500305
16. Ley, David J. "Overcoming Religious Sexual Shame." *Psychology Today*, August 23, 2017. https://www.psychologytoday.com/us /blog/women-who-stray/201708/overcoming-religious-sexual-shame
17. Ehrenreich, Barbara. "God Wants You to Be Rich." Essay. In *Bright-Sided: How the Relentless Promotion of Positive Thinking Has Undermined America*. Waterville, ME: Thorndike Press, 2010（中譯本：《失控的正向思考》，2012年10月，左岸文化，台北）
18. "In U.S., Decline of Christianity Contimues at Rapid Pace." Pew Research Center's Religion & Public Life Project, June 9, 2020. https://www.pewforum.org/2019/10/17/in-u-s-decline-of-christianity-continues-at-rapid-pace/
19. Raab, Diana. "What Is Spiritual Bypassing?" *Psychology Today,* January 23, 2019. https://www.psychologytoday.com/us/blog/the-empowerment-diary/201901/what -is-spiritual-bypassing
20. Levin, Jeff. "Religion and Mental Health: Theory and Research." *International Journal of Applied Psychoanalytic Studies*, 2010. https://doi.org/10.1002/aps.240
21. Yakushko, Oksana. *Scientific Pollyannaism: From Inquisition to Positive Psychology*. Springer, 2019

第四章・・如何與自己共處？

1. Cooper, Belle B. "Your Positive Work Culture Might Be Making Your Team Less Productive." *Fast Company*, April 25, 2017. https://www.fastcompany.com/40411368 /your-positive-work-culture-might-be-making-your-team-less-productive
2. Andrade, Gabriel. "The Ethics of Positive Thinking in Healthcare." *Journal of Medical Ethics and History of Medicine*, December 21, 2019. https://doi.org/10.18502/jmehm.v12i18.2148
3. Rose, Steve. "Do Positive Affirmations Work? A Look at the Science." Steve Rose, PhD Counselor, July 25, 2020. https://steverosephd.com/do-positive-affirmations-work/
4. Brackett, Marc A. *Permission to Feel: Unlocking the Power of Emotions to Help Our Kids, Ourselves, and Our Society Thrive.* New York: Celadon books, 2019（中譯本：《情緒解鎖：讓感受自由，釋放關係、學習與自在生活的能量》，2020年4月，天下雜誌，台北）
5. Kalanthroff, Eyal, Noga Cohen, and Avishai Henik. "Stop Feeling: Inhibition of Emotional Interference Following Stop-Signal Trials." *Frontiers in Human Neuroscience* 7 (March 14, 2013). https://doi.org/10.3389/fnhum.2013.00078
6. Valikhani, Ahmad, Fatemeh Ahmadnia, Alma Karimi, and Paul J. Mills. "The Relationship between Dispositional Gratitude and Quality of Life: The Mediating Role of Perceived Stress and Mental Health. "*Personality and Individual Differences* 141(2019):40-46. https://doi.org/10.1016/j.paid.2018.12.014

7. Ma, Lawerence K., and Eamonn Ferguson. "Supplemental Material for Does Gratitude Enhance Prosociality?: A Meta-Analytic Review." *Psychological Bulletin*, 2017. https://doi.org /10.1037/bul0000103.supp

8. Jans-Beken, Lilian, Johan Lataster, Denise Peels, Lilian Lechner, and Nele Jacobs. "Gratitude, Psychopathology and Subjective Well-Being: Results from a 7.5-Month Prospective General Population Study." *Journal of Happiness Studies* 19, no.6 (May 30, 2017): 1673–89. https://doi.org/10.1007/s10902-017-9893-7

9. Jans-Beken, Lilian, Nele Jacobs, Mayke Janssens, Sanne Peeters, Jennifer Reijnders, Lilian Lechner, and Johan Lataster. "Gratitude and Health: An Updated Review." *Journal of Positive Psychology* 15, no. 6 (2019): 743–82. https://doi.org/10.1080 /17439760.2019.1651888

10. Valikhani, Ahmad, Fatemeh Ahmadnia, Alma Karimi, and Paul J. Mills. "The Relationship between Dispositional Gratitude and Quality of Life: The Mediating Role of Perceived Stress and Mental Health. "*Personality and Individual Differences* 141(2019):40-46. https://doi.org/10.1016/j.paid.2018.12.014

第五章：如何處理情緒？

1. APA Dictionary of Psychology." American Psychological Association. Accessed June 8, 2021. https://dictionary.apa.org/ emotion
2. Lenzen, Manuela. "Feeling Our Emotions." *Scientific American*, April 2005. https://www.scientifificamerican .com/article/feeling-our-emotions/
3. Cherry, Kendra. "How Does the James-Lange Theory Account for Emotions?" *Verywell Mind*, November 19, 2020. https://www.verywellmind.com/what-is-the-james-lange-theory-of-emotion-2795305
4. Brackett, Marc A. *Permission to Feel: Unlocking the Power of Emotions to Help Our Kids, Ourselves, and Our Society Thrive.* New York: Celadon Books, 2019（中譯本：《情緒解鎖：讓感受自由，釋放關係、學習與自在生活的能量》，2020 年 4 月，天下雜誌，台北）
5. Barrett, Lisa Feldman. *How Emotions Are Made.* Macmillan, 2017（中譯本：《情緒跟你以為的不一樣：科學證據揭露喜怒哀樂如何生成》，2020 年 3 月，商周出版，台北）
6. Smith, Ryan, William D. Killgore, and Richard D. Lane. "The Structure of Emotional Experience and Its Relation to Trait Emotional Awareness: A Theoretical Review." *Emotion* 18, no. 5 (2018): 670–92. https://doi.org/10.1037/emo0000376
7. University of Colorado at Boulder. "Your brain on imagination:It's a lot like reality, study shows." ScienceDaily. Accessed June 7, 2021. https:// www.sciencedaily.com/

releases/2018/12/181210144943.htm

8. Rodriguez, Tori. "Negative Emotions Are Key to Well-Being." *Scientific American*, May 2013. https://www.scientificamerican.com/article/negative-emotions-key-well-being/
9. Ruan, Yan, Harry T. Reis, Wojciech Zareba, and Richard D. Lane. "Does Suppressing Negative Emotion Impair Subsequent Emotions? Two Experience Sampling Studies." *Motivation and Emotion* 44, no. 3 (2019): 427–35. https://doi.org/10.1007/s11031 -019-09774-w
10. Winerman, Lea. "Talking the Pain Away." American Psychological Association, October 2006. https://www.apa.org/monitor/oct06/talking
11. Feeling Words. Steve Hein's EQI.org. Accessed June 4, 2021. https://eqi.org/fw.htm
12. Cuncic, Arlin. "Understanding Inappropriate Affect." *Verywell Mind*, April 9, 2020. https://www.verywellmind .com/understanding-inappropriate-affect-4767992
13. Cook, Gareth. "Why We Are Wired to Connect." *Scientific American*, October 22, 2013. https://www.scientificamerican .com/article/why-we-are-wired-to-connect/
14. Raypole, Crystal. "Let It Out: Deal- ing With Repressed Emotions." *Healthline,* March 31, 2020. https://www .healthline.com/health/repressed-emotions#takeaway

第六章・・如何有效抱怨？

1. Hurst, Katherine. "Do You Have a'Low'or'High'Vibration? Read These 32 Signs." TheLawOfAttraction.com, April 8, 2021. https://www.thelawofattraction.com/low-high-vibration-read-32 -signs/
2. Kowalski,RobinM. "Complaints and Complaining: Functions, Antecedents, and Consequences." *Psychological Bulletin* 119, no. 2 (1996): 179–96. https://doi.org/10.1037/0033-2909.119.2.179
3. Stillman, Jessica. "Complaining Is Terrible for You, According to Science." *Inc.*, February 29, 2016. https://www.inc.com/jessica-stillman/complaining-rewires-your-brain-for -negativity-science-says.html
4. Varma, Barbara Neal. "Complaining, for Your Health." *The Atlantic*, February 8, 2015. https://www.theatlantic .com/health/archive/2015/02/complaining-for-your-health/385041/
5. Cuncic, Arlin. "What Is Radical Acceptance?" *Verywell Mind*, May 26, 2021. https://www.verywellmind.com/what-is -radical-acceptance-5120614
6. Linehan, Marsha M. *DBT Skills Training Manual.* 2nd ed. New York: Guilford Publications, 2014（中譯本：《DBT技巧訓練手冊》，2015年9月，張老師文化，台北）
7. Kowalski, Robin M., Brooke Allison, Gary W. Giumetti, Julia Turner, Elizabeth Whittaker, Laura Frazee, and Justin Stephens. "Pet Peeves and Happiness: How Do Happy People Complain?" *Journal of Social Psychology* 154, no. 4 (December 13, 2013): 278–82. https://doi.org/10.1080/002

24545.2014.906380

第七章・如何給出安慰與支持？

1. "Pain Is More Intense When Inflicted on Purpose." *Harvard Gazette*, December 18, 2008. https://news.harvard.edu /gazette/story/2008/12/pain-is-more-intense-when-inflicted-on-purpose/
2. Tannenbaum, Melanie. "'But I Didn't Mean It!'Why It's so Hard to Prioritize Impacts over Intents." *Scientific American*, October 14, 2013. https://blogs.scientificamerican.com/psysociety /e2809cbut-i-didne28099t-mean-ite2809d-why-ite28099s-so-hard-to-prioritize-impacts-over-intents/
3. Hamilton, David R. "Does Your Brain Distinguish Real from Imaginary?" Dr. David R Hamilton, PhD, October 30, 2014. https://drdavidhamilton.com/does-your-brain-distinguish-real-from-imaginary/
4. Ito, Tiffany A., Jeff T. Larsen, N. Kyle Smith, and John T. Cacioppo. "Negative Information Weighs More Heavily on the Brain: The Negativity Bias in Evaluative Categorizations." *Journal of Personality and Social Psychology* 75, no. 4 (1998): 887–900. https://doi.org /10.1037/0022-3514.75.4.887
5. Kowalski, Robin M. "Complaints and Complaining: Functions, Antecedents, and Consequences."

Psychological Bulletin 119, no. 2 (1996): 179–96. https://doi.org/10.1037/0033 -2909.119.2.179

第八章：如何擺脫歧視與偏見？

1. Canfield, Jack. "Using the Law of Attraction for Joy, Relationships, Money & Success." Jack Canfield: Maximizing Your Potential. Accessed June 7, 2021. https://www.jackcanfield.com/blog / using-the-law-of-attraction/
2. Yakushko, Oksana. *Scientific Pollyannaism: From Inquisition to Positive Psychology.* Springer, 2019.
3. Hicks, Esther, and Jerry Hicks. *The Law of Attraction: The Basics of the Teachings of Abraham.* 1st ed. Hay House, Inc., 2006（中譯本：《這才是吸引力法則：希克斯與亞伯拉罕的靈性對話》，2021年8月，商周出版，台北）
4. "Determinants of Health." Office of Disease Prevention and Health Promotion, May 26, 2010. https://www.healthypeople.gov /2020/about/foundation-health-measures/Determinants-of-Health
5. Ahmed, Sara. *The Promise of Happiness.* Duke University Press, 2010
6. Ahmed, Sara. "Killing Joy: Feminism and the History of Happiness." *Signs: Journal of Women in Culture and Society* 35, no. 3 (2010): 571–94. https://doi.org/10.1086/648513

7. "How Dieting Became a $71 Billion Industry." CNBC, January 11, 2021. https://www .cnbc.com/video/2021/01/11/how-dieting-became-a-71-billion-industry -from-atkins-and-paleo-to-noom.html

8. Marley-Henschen, Holly. "'WhoIsProfiting off of My Insecurity?'" Tone Madison, March 19, 2019. https://www .tonemadison.com/articles/who-is-profiting-off-of-my-insecurity

9. Weingus, Leigh. "Inside the Body Image Movement That Doesn't Focus on Your Appearance." *HuffPost*, August 15, 2018. https://www.huffpost.com/entry/what-is-body-neutrality _n_5b61d8f9e4b0de86f49d31b4

10. Kushlev, Kostadin, Elizabeth W. Dunn, and Richard E. Lucas. "Higher Income Is Associated with Less Daily Sadness but Not More Daily Happiness."*Social Psychological and Personality Science* 6, no. 5 (2015): 483–89. https://doi.org/10.1177/1948550614568161

第九章‧‧如何尋得屬於你的圓滿？

1. Mauss, Iris B., Craig L. Anderson, and Nicole S. Savino. "Can Wanting to Be Happy Make People Unhappy? Paradoxical Effects of Valuing Happiness." *PsycEXTRA Dataset* 11, no. 4 (August 2011): 807–15. https://doi.org/10.1037/e634112013-296

2. Whippman, Ruth. "Americans Are Spending a Fortune on Finding Happiness and Becoming Less

Happy in the Process." Quartz, October 7, 2016. https://qz.com/803055/america-the -anxious-americans-are-spending-a-fortune-on-finding-happiness-and -becoming-less-happy-in-the-process/

3. Lush, Tamara. "Poll: Americans Are the Unhappiest They've Been in 50 Years." Associated Press, June 16, 2020.https://apnews.com/article/virus-outbreak-health-us-news-ap-top-news-racial-injustice-0f6b9be04fa0d3194401821a72665a50

4. Zhang, Chun-Qing, Emily Leeming, Patrick Smith, Oak-Kwong Chung, Martin S. Hagger, and Steven C. Hayes. "Acceptance and Commitment Therapy for Health Behavior Change: A Contextually-Driven Approach." Frontiers in Psychology 8 (2018). https:// doi.org/10.3389/fpsyg.2017.02350

5. Oettingen, Gabriele. *Rethinking Positive Thinking: Inside the New Science of Motivation.* Current, 2015（中譯本：《正向思考不是你想的那樣：讓你動力滿滿、務實逐夢的動機新科學》，2016年10月，天下文化，台北）

國家圖書館出版品預行編目(CIP)資料

哇！人生超讚 der！(才怪)：高人氣心理師的 9 堂課，拯救你遠離有毒正能量，找回面對現實的勇氣 / 惠特妮．古德曼 (Whitney Goodman) 著；邱思華譯. -- 初版. -- 臺北市：今周刊出版社股份有限公司, 2022.11
320 面；14.8X21 公分. --(社會心理；34)
譯自：Toxic positivity : keeping it real in a world obsessed with being happy.
ISBN 978-626-7014-70-7(平裝)

1.CST: 自我肯定 2.CST: 自我實現 3.CST: 生活指導

177.2 111013538

社會心理 34

哇！人生超讚der！(才怪)

高人氣心理師的 9 堂課，拯救你遠離有毒正能量，找回面對現實的勇氣

作　　者　惠特妮・古德曼（Whitney Goodman）
譯　　者　邱思華
主　　編　蔡緯蓉
總 編 輯　許訓彰
校　　對　蔡宜庭
封面設計　張　巖
內文排版　陳姿仔

行銷經理　胡弘一
企畫主任　朱安棋
行銷企畫　林律涵

發 行 人　梁永煌
社　　長　謝春滿

出 版 者　今周刊出版社股份有限公司
地　　址　台北市中山區南京東路一段 96 號 8 樓
電　　話　886-2-2581-6196
傳　　真　886-2-2531-6438
讀者專線　886-2-2581-6196 轉 1
劃撥帳號　19865054
戶　　名　今周刊出版社股份有限公司
網　　址　http://www.businesstoday.com.tw

總 經 銷　大和書報股份有限公司
製版印刷　緯峰印刷股份有限公司
初版一刷　2022 年 11 月
定　　價　400 元

Psychology

Psychology

Psychology

Psychology